文春文庫

とめられなかった戦争

加藤陽子

文藝春秋

はじめに

この本は、二〇一一年（平成二十三年）五月、NHK教育テレビで四回にわたって放映された「さかのぼり日本史　昭和　とめられなかった戦争」の内容に添って書かれています。

番組の第1回の冒頭では、一九四五年（昭和二十年）三月十日の東京大空襲で空襲被害を経験した方々による慰霊祭のようすが映し出され、第4回の最後には、国策として満州に送り出された開拓団の生き残りの方々による慰霊祭のようすが映し出されていました。

このことからもわかるように、「昭和　とめられなかった戦争」を作製したディレクター岩田真治氏の意図は、なぜ戦争の拡大をとめることができなかったのか、なぜ一年早く戦争をやめることができなかったのかとの、繰り返されてきた問いを、人々の思いが今なお染みついた土地と史料から考えることにありました。本書では、時間の限られた番組内では十分語りきれなかったことについても詳述しました。お読みいただければ幸いです。

加藤陽子

とめられなかった戦争

目次

第2章　日米開戦　決断と記憶　1941年（昭和16年）　57

第3章　日中戦争　長期化の誤算　1937年（昭和12年）　97

第4章　満州事変　暴走の原点　1933年（昭和8年）　135

第1章

敗戦への道

1944年（昭和19年）

1941 | 太平洋戦争始まる（日米開戦）

1942 | ミッドウェー海戦

1943 | ガダルカナル撤退

ターニングポイント① 1944 | **マリアナ沖海戦・サイパン失陥**

1945 | ヤルタ会談（ソ連の対日参戦決定）

東京大空襲

沖縄戦

ドイツ無条件降伏

広島に原爆投下

ソ連参戦

長崎に原爆投下

ポツダム宣言受諾（敗戦）

西太平洋の小さな島々

ハワイ、グアムといえば、手近な海外のリゾート地です。実際に行かれた方も多いことでしょう。では、そのハワイ、グアムは太平洋のどこにあるか、正確に知っていますか？

地図で太平洋を見てみましょう。ハワイは比較的わかりやすいですね。そう、日本と北アメリカの間に横たわる太平洋のほぼ真ん中あたりです。では、グアムは？

ハワイからずっと西、西太平洋の赤道から北の海域で、北を日本、南をニューギニア、西をフィリピンに囲まれた（といっても、どこも二千キロ以上離れていますが）あたりに目を凝らすと、小さな島が並んでいるのが見えてきませんか。これが「マリアナ諸島」。南北に弧を描いて連なる十五の小さな島々の総称です。この南端の島がグアムです。

このマリアナ諸島、所属は二つに分かれています。南端のグアム島はアメリカ合衆国領で、その北の十四の島々はアメリカの自治領「北マリアナ諸島コモンウェルス(連邦)」です。所属が二つに分かれた理由には、後述するように、この島々をめぐるドイツ、日本、アメリカの力関係の歴史がありました。

さて、グアムを除いた「北マリアナ諸島」の中心は、この自治領の主島サイパン島です。南北約二十キロ、東西約六キロの細長い島で、面積は伊豆大島より一回り広いくらい(約百二十平方キロ)。青い空と海に囲まれ、ヤシやサトウキビの生い茂る美しい熱帯の島です。

しかし、この小さな美しい島は、あの太平洋戦争の激戦地でした。いえ、マリアナ諸島だけでなく、広大な太平洋に点在する多くの島々で激しい戦闘がおこなわれたのです。西太平洋のソロモン諸島・マーシャル諸島・ギルバート諸島・カロリン諸島・パラオ諸島、あるいは北太平洋のアリューシャン列島のアッツ島、どこもそうでした。

そのなかで、このサイパン島をめぐる攻防とマリアナ諸島沖でおこなわれた海戦が戦争の帰趨《きすう》に決定的な意味をもったといえば、首をかしげる方も多いことでしょう。なぜ、ガダルカナル島やレイテ島、硫黄《いおう》島や沖縄の戦いではないのか、広島・長崎への原爆投下ではないのか、と。もちろん、それぞれの戦いが戦局に大きな影響を与えたことは事実ですし、原爆についてはいうまでもありません。しかし私は、「戦争終結」の可能性という観点から太平洋戦争の過程を振り返って見たとき、一九四四年（昭和十九年）六月に戦われた「マリアナ沖海戦」と、それに続いて七月までおこなわれたサイパン地上戦の、双方の戦いに日本が敗れ、サイパン島を失ったこと、すなわち「サイパン失陥」こそが、決定的なターニングポイントであったと考えています。

一九二八年（昭和三年）ごろ、陸軍大学の教官をしていた時代の石原莞爾《かんじ》は、戦争の型を二つに分けていました。殲滅《せんめつ》戦争と持久戦争です。石原は、日本とロシアが戦った日露戦争や、ヨーロッパが戦場となった第一次世界大戦は、持久戦

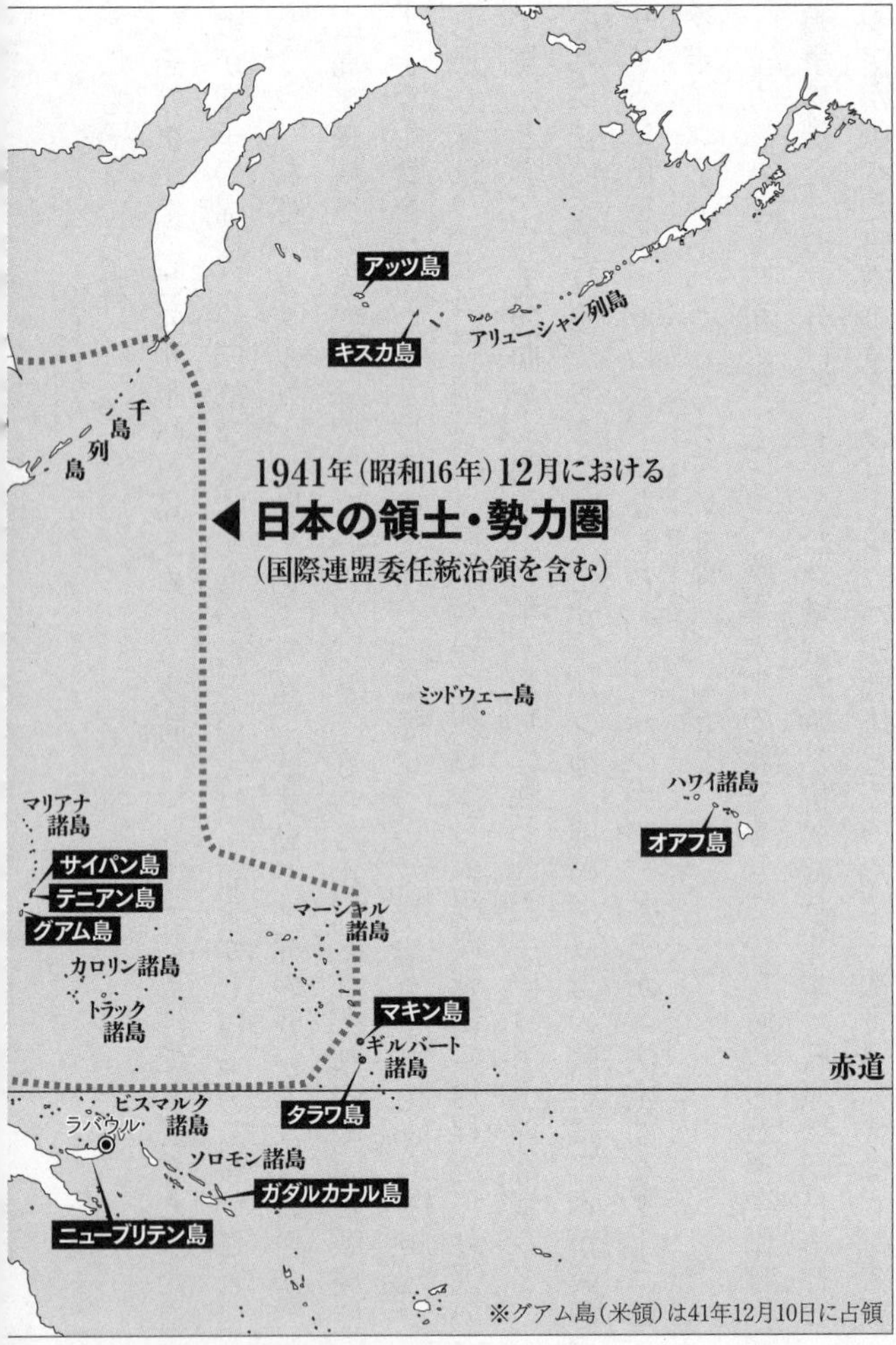
1941年（昭和16年）12月における
◀日本の領土・勢力圏
（国際連盟委任統治領を含む）
アッツ島
キスカ島
アリューシャン列島
千島列島
ミッドウェー島
ハワイ諸島
オアフ島
マリアナ諸島
サイパン島
テニアン島
グアム島
カロリン諸島
トラック諸島
マーシャル諸島
マキン島
ギルバート諸島
タラワ島
赤道
ビスマルク諸島
ラバウル
ソロモン諸島
ガダルカナル島
ニューブリテン島
※グアム島（米領）は41年12月10日に占領

《太平洋戦争開戦時の太平洋》

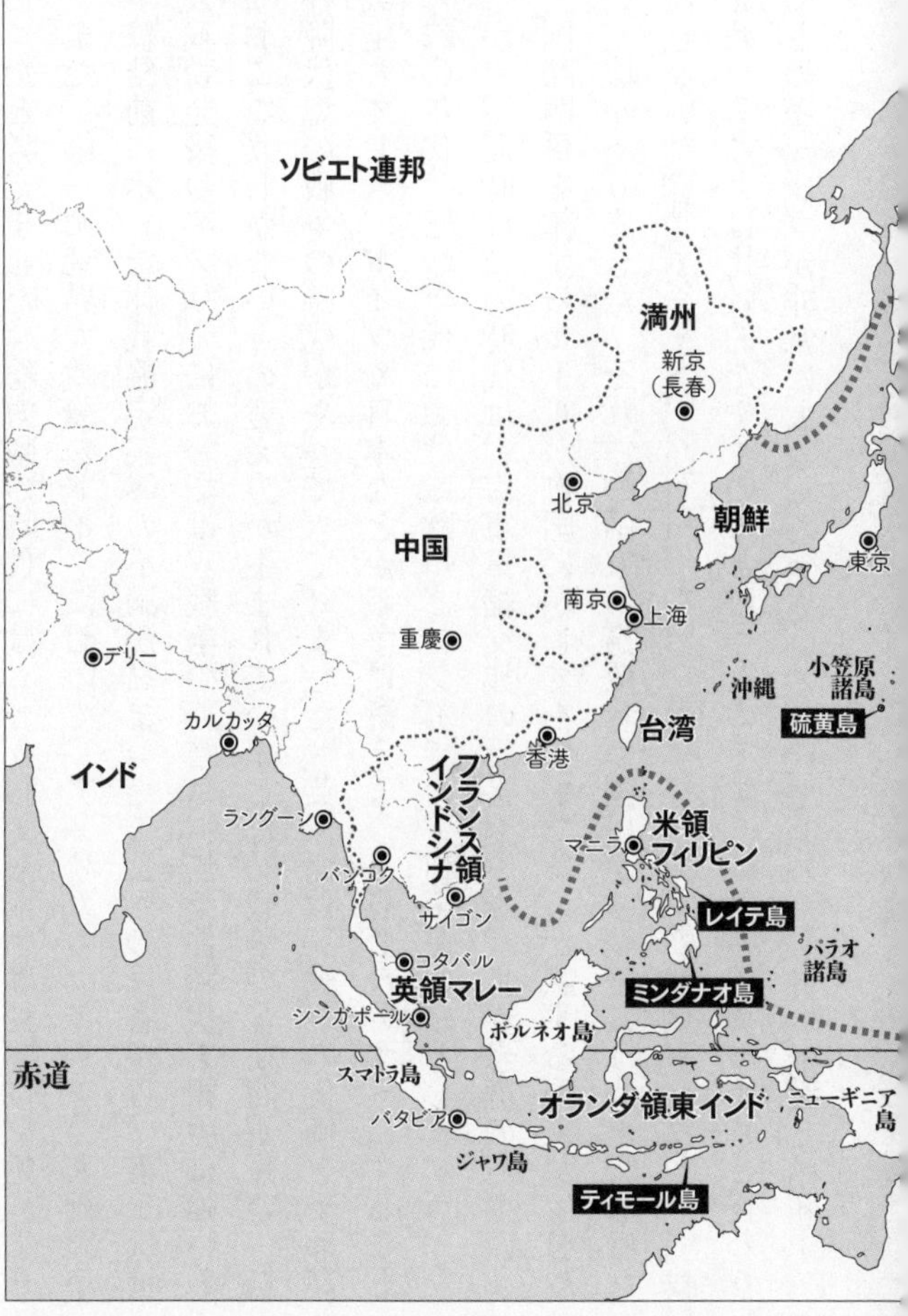

争だったと考えました。総力戦の時代には、どうしても戦争は長期化を免れません。また、第一次世界大戦後のドイツにおいて、アメリカのウィルソン大統領が戦争終結前に示した休戦協定案への不満が高まったことへの反省から、第二次世界大戦勃発《ぼっぱつ》後のアメリカにおいては、戦争の終結は、無条件降伏を相手に強いる形でおこなうしかないとの考え方が生まれていました。戦争の全期間が長い、無条件降伏型の戦争の時代がやってきていました。英米側は、戦争の代価を予《あらかじ》め高く設定しておき、ドイツや日本などが戦争に訴えようと思わないようにすることで、二〇年代、三〇年代における欧州とアジアでの平和を保とうとします。

しかし、同時にこの時代は、海軍軍縮交渉の行き悩みや、世界恐慌の発生により、国際関係を律するルールが自国に対して不公平であると感ずる国家が生じやすい土壌がありました。それらの国家の為政者や国民が「戦争にうったえなければならない」―「戦争をしていいのだ」という論理と共通の感覚をもったとき、戦争を始めることは比較的たやすいことだったのです。戦争の始めやすさと終わりにくさのギャップが非常に大きくなっている時代でした。一九三七年（昭和十二年）七月に中国との間で戦争を始めた日本も、三九年九月にポーランドに侵攻したドイツも、そのことに十分に気づいていたとは思えません。

東部戦線での苦しい戦いをソ連に続けさせるためもあって、アメリカは無条件降伏路線に固執しており、アメリカの態度は全く厳しいものであったとは思いますが、私は、一九四五年（昭和二十年）八月の敗戦以前の時点において、戦争を終結させなければならないと日本側が判断を下すべき機会があったとすれば、敗戦のほぼ一年前、サイパン失陥の時点だった、このときに戦争は終わらせるべきだったと考えています。この機会を逸したことで、日本はより悲惨な戦いを強いられ、敗北を重ね、被害を一挙に増大させていくことになったからです。では、サイパンの失陥はどのような意味をもち、その後の戦争の様相をどのように変えていくことになったのか。なぜ、あの時点で戦争を終わらせることができなかったのか。今回は、そのことについて検証してみたいと思います。

緒戦の大勝、そして暗転

開戦からサイパン戦までの戦争の経過を眺める前に、ひとつ確認しておきましょう。

太平洋戦争は、大きくいえば第二次世界大戦の一環としてアジア・太平洋地域でおこなわれた戦争、日本に即していえば日中戦争が対米英戦争へと拡大した戦争です。しかし、「太平洋戦争」という名称自体は、戦後になってからのもの。戦争中の日本では、開戦時に東条英機内閣が決定した「大東亜戦争」（大東亜新秩序建設を目的とする戦争）という名称が使われていました。ところが戦後、GHQ（連合国最高司令官総司令部）は、「国家神道、軍国主義、過激なる国家主義」と切り離しえない用語だとして、大東亜戦争という名称の使用を禁じます。

その代わりに、アメリカ側の戦争の呼称である「太平洋戦争」が広く使われるようになりました。しかしこの名称には、並行しておこなわれていた中国大陸や東南アジアでの戦争が忘れられがちになるという難点がある。そこで最近では「アジア・太平洋戦争」という名称が提唱され始めました。

ただ、一九二〇年代半ばのアメリカやソ連などの史料を見ていますと、「太平洋」という範囲には、太平洋の水に洗われる地域全般、あるいはそれらの植民地の宗主国も含むといった考えが広くもたれていたことがわかります。中国や東南アジアも含む広い地域と国を「太平洋」という名称で理解していたことは確実でした。そのような意味では、太平洋戦争という呼称には、同時代的な意味もあったと考えられます。

ここでは、日本の敗北を決定づけた対米戦争について主としてお話ししますが、同じ時期に中国大陸では以前から対中国戦争がおこなわれていたことや、仏領インドシナ（現ベトナム）進駐、英領マレー（現マレーシア）・米領フィリピン・オランダ領東インド（現インドネシア）など東南アジア諸地域では、日本軍の占領・

軍政がおこなわれていたことも、頭の片隅に置いておいてほしいと思います。
前置きが長くなりました。サイパン戦までの太平洋戦争の経過をまとめておきましょう。

日米開戦といえば、だれもが「真珠湾攻撃」(一九四一年十二月八日)を思い浮かべるでしょう。ハワイ・オアフ島の真珠湾にあるアメリカ海軍の基地などを、日本海軍の機動部隊が奇襲したこの作戦は、米海軍の戦艦八隻の撃沈・撃破という大戦果をあげました。国力で圧倒的優位のアメリカに対し、空母八隻を集団的に用い、奇襲によって勝機を見出そうとする日本の戦略が奏功したのです。実は、真珠湾攻撃より早く戦闘に入ったところがあります。英領マレー・コタバルへの日本陸軍の上陸作戦です。これは真珠湾攻撃より一時間以上も早い。しかも、イギリスとはそれ以前にいかなる交渉もおこなっていないので、これこそ正真正銘の奇襲です。開戦後の三日間に、英米側の戦艦十隻を撃沈したというのは、たしかに大きな戦果でした。

こうして開始された太平洋戦争、緒戦での日本軍の進撃ぶりも華々しいものでした。

東南アジアでは、四二年（昭和十七年）一月にフィリピンの首都マニラを占領し、四二年二月にシンガポールのイギリス軍を降伏させます。オランダ領東インドでは、スマトラ島・ボルネオ島・ティモール島を占領したのち、四二年三月にはジャワ島のバタビア（現ジャカルタ）を陥落させました。以後、これらの占領地域では日本軍による軍政が敷かれることになります。

一方、西太平洋では、開戦直後の四一年十二月十日に米領グアム島を占領。さらに南下して、四二年一月にはビスマルク諸島・ニューブリテン島のラバウルに上陸、三月にはニューギニア島の一部も占領します。五千キロの海のかなたにまで突き進んだわけです。奇襲作戦が功を奏しました。

ところが、この勝利を過大評価した政府・大本営は、四二年三月、次のような見通しを立てます。米英はさしあたり、ヨーロッパ戦線でドイツ・イタリアの撃破に全力を尽くさねばならないので、日本への反攻時期は「概ね昭和十八年以降」になるはずだ、と。連合艦隊司令長官の山本五十六《いそろく》が見通したように、一年半の時間がかせげるだろうと考えられたのです。しかし、この判断が甘かったことは事実が証明しました。「ミッドウェー海戦」と「ガダルカナルの戦い」です。

北太平洋の環礁・ミッドウェー島の攻略をめぐって日米の機動部隊が交戦したミッドウェー海戦（四二年六月）では、日本海軍は主力空母四隻が沈没、三千名をこえる戦死者を出して大敗（アメリカ側の損失は空母一隻沈没、戦死者三百五十余名）しました。この海戦ののち連合艦隊は初期作戦以来の積極攻勢主義をとることができなくなり、逆に、ここでの勝利に自信を得たアメリカ軍は本格的な反攻に乗り出すことになります。

その最初の大規模な反攻にさらされたのが、ソロモン諸島のガダルカナル島です。この島は四二年六月から日本軍二千五百余名が占領していました。ところが八月、予想より一年も早く、機動部隊に護られたアメリカ軍二万人が攻め寄せるのです。ニューブリテン島（海軍航空隊基地ラバウル所在）、トラック諸島（連合艦隊拠点）を背後に控えるという戦略的重要性から、以後、この島をめぐって陸海で激戦がおこなわれました。しかし、数次の海戦で、ほぼ制空権・制海権をアメリカ軍に奪われ、逐次《ちくじ》投入された陸軍の攻撃もすべて失敗に終わって、四二年十二月には同島の奪回を断念、翌年二月に撤退しています。

ガダルカナル島の戦いは、日本軍が攻勢から守勢へと立場を変えた戦局の転換点でした。そして、その後の太平洋の島々における戦いの典型でもありました。太平洋の孤島で守備につく少人数の日本軍を、圧倒的な兵力と物量で攻撃するアメリカ軍。制空権・制海権をアメリカ軍に握られて、増援も補給もないまま、飢え、消耗し、ついには突撃を敢行して、全滅していく……このようなパターンが以後、太平洋の島々で繰り返されていきました。太平洋の戦いの本質は、島嶼《とうしょ》（島々という意味）作戦にありました。その際に重要なのは、海軍航空基地の使い方でした。戦争が航空機の時代になったことは、自らの真珠湾攻撃の成功で世界に示したはずだったのにもかかわらず、艦隊決戦思想が抜けませんでした。艦隊の補給地として基地を用いる発想が強く、島嶼を航空拠点として用いる発想まで進めなかったのです。

絶対国防圏の内と外

こうして一九四三年（昭和十八年）の夏にかかるころには、太平洋各地域での戦況の悪化は明らかになっていました。少なくとも大本営や政府ははっきりと認識していた。けれども、そのことを国民に対して率直に、包み隠さず伝えることはしませんでした。

たとえば、二月のガダルカナル島からの撤退です。六か月に及ぶ消耗戦の果てに、二万人を超える死者（うち約一万五千人は餓死であったといわれます）を出し、やっとのことで退却した事実を、大本営は「転進」と言った。本来、「進路を変える」という意味しかないこの言葉から、みなさんは撤退や退却をイメージできますか？　あるいは五月、アリューシャン列島のアッツ島での日本軍守備隊二千五百名の全滅を、大本営は「玉砕《ぎょくさい》」と表現した。玉が砕けるような美しくいさぎよい死、という意味の熟語です。この透明感のある言葉で、全員戦死の悲惨なイメージを薄めようという、ある意味で姑息《こそく》なやり方です。

一方、この四三年にはヨーロッパ戦線にも大きな変化が起きていました。四一年以来、ソ連領に侵攻していたドイツ軍が、スターリングラード（現ヴォルゴグラード）でソ連軍に包囲され、一月、十万人の将兵が降伏。東方でのヒトラーの野望は挫折しました。また、九月にはイタリアが連合国軍に降伏して、枢軸国の行く手に暗雲がたれこめてきたのです。

このような太平洋戦線・ヨーロッパ戦線での戦況悪化による危機感から、大本営が戦略を建て直し、四三年九月三十日の御前会議で決定されたのが「今後採るべき戦争指導の大綱」で、その眼目は「絶対国防圏」の設定にありました。これは、戦争の遂行上、太平洋・インド洋方面において「絶対確保すべき要域」を「千島、小笠原、内南洋（中・西部の南洋群島）、西部ニューギニア、スンダ（現在のインドネシア）、ビルマ（現ミャンマー）を含む圏域」と定めたもの（図参照）。

ご覧のように、ガダルカナル島を含むソロモン諸島や、ラバウル航空基地があるニューブリテン島などは圏内に含まれていません。つまり絶対国防圏設定のねらいは、戦線を縮小し、その分、圏内の防備をより強固にしようということなのです。

この絶対国防圏の設定にあたっては、戦略思想が大きくちがう陸軍と海軍の間で、かなり激しいせめぎあいがありました。陸軍は交戦中の中国とその奥に控える仮想敵・ソ連を重視して、大陸での長期持久戦中心の戦争を志向していました。ですから、太平洋に進出することには消極的で、ガダルカナルの戦いの後には、フィリピンまで後退して防備を固めようと主張したくらいです。これに対して、アメリカを仮想敵として組織・艦隊を作り上げてきた海軍は、アメリカ艦隊との決戦の前提として、ともに連合国の一員であるアメリカとオーストラリアの連携を遮断するために、西太平洋からニューギニア・オーストラリアにいたる線に沿った太平洋の島々の占領と確保を強く志向していました。

要するに、防衛圏をなるべく大陸側に寄せたい陸軍と、太平洋のかなたまでふくらませようとする海軍との綱引きがさんざんあった。そして、両者の妥協によ

《絶対国防圏》

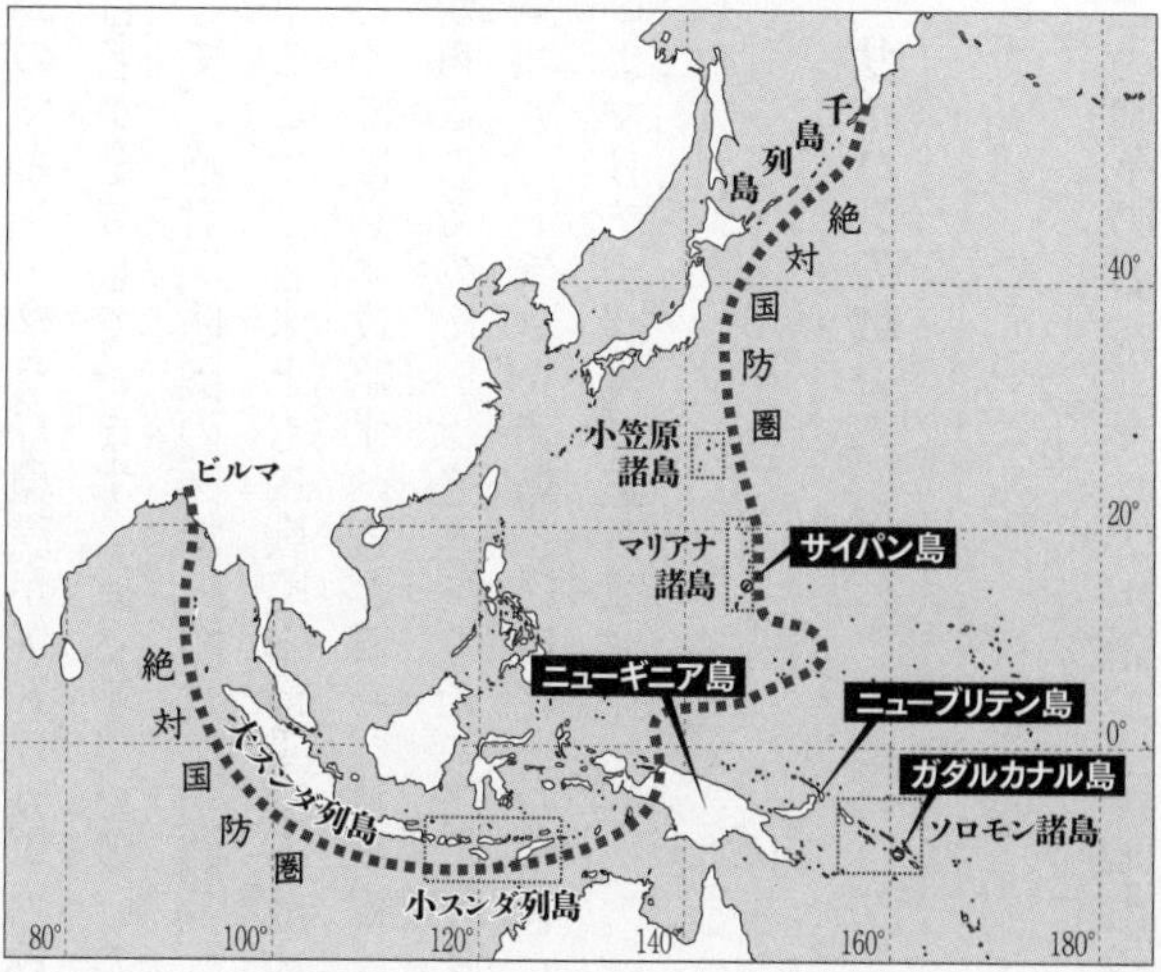

って決定されたのが、絶対国防圏だったのです。そう思うと、「絶対」という強い言葉に、かえって、ある種内実の不確実さが表れているように感じませんか？

ところで、絶対国防圏の外側、つまり強固な防御の対象からもれてしまった島々はどうなるのでしょう。非情な言い方をすれば、時間稼ぎの捨石とされた。つまり見捨てられたのです。事実、絶対国防圏の設定から二か月もたたない四三年十一月には、西太平洋戦線の最も東の海域にあるギルバート諸島のマキン・タラワ環礁がアメリカ軍の攻撃を受け、両島の海軍守備隊約五千四百名が全滅しています。孤立無援の戦いの末の「玉砕」でした。

さて、絶対国防圏の図で「マリアナ諸島」が圏内にあるのを確かめてください。実はここは、日米ともに戦略上最重要と認める焦点でした。つまり、アメリカ軍にとっては必ず攻略すべきところ、日本軍にとっては死守すべきところなのです。だからここでの戦いは必至でした。そしてそのとおり、ガダルカナルから、ニューギニア、トラック諸島と反攻北上してきたアメリカ軍は、一九四四年六月、いよいよマリアナ諸島に迫ります。

サイパンの戦い

この戦争のころ、マリアナ諸島は日本の領土だったというと、みなさんは驚かれるでしょうか。まず、このことから説明しましょう。

最初に、諸島中で一島だけ異色のグアム。この島は、十六世紀の大航海時代以来、スペインに領有されていました。それが一八九八年（明治三十一年）の米西戦争でスペインが敗れた結果、フィリピンとともにアメリカに割譲された。その後、現在にいたるまでずっとアメリカ領です。

一方、その他の十四島は、一八九九年にスペインからドイツに売却されてドイツ領になりました。しかし、そのドイツは第一次世界大戦で敗戦国になる。そこで、大戦後に設立された国際連盟は、アフリカ・太平洋の旧ドイツ領の統治を戦勝国に委任することとし、日本は「赤道以北の太平洋の旧ドイツ領諸島」の統治を受任した。すなわち、グアムを除くマリアナ諸島、カロリン諸島、マーシャル諸島、パラオ諸島などが日本の委任統治領となったのです。国際連盟の委任方式では、この地域は「C式」、すなわち受任国の領土として扱われることになっていました。事実上、日本の領土といえました。

これらの島々を日本は一括して「南洋群島」と呼び、一九二二年（大正十一年）にはその施政機関として南洋庁を設置して統治にあたりました。なかでもマリアナ群島（グアムを除くマリアナ諸島の当時の呼称）は、日本の統治下になってから興った製糖という産業もあり、日本、特に沖縄からの移民も多かったので、南洋群島の中心的な存在でした。しかしそればかりではありません。群島のはるか北方には硫黄島・小笠原諸島・伊豆諸島がほぼ一直線上に連なり、さらにその先には東京があるという、戦略上重要な位置も占めていました。特に主島サイパンは、一方で製糖業の拠点であると同時に、一方では軍事拠点でもあったのです。

一九四四年（昭和十九年）春、サイパン島守備隊の大増強がおこなわれました。その際、陸海軍は統合軍をつくります。海軍中部太平洋方面艦隊の司令部をサイパンに置き、その指揮下に陸軍の第三十一軍・第四十三師団が入るというものです。こうして統合された四万四千人の大部隊で、上陸してくる敵を水際で撃滅する、というのが大本営の作戦でした。この体制でのマリアナ諸島確保によほど自信をもっていたのか、サイパンの戦い開始直後の時期に参謀本部の作戦担当部長・課長が、「此の堅固なる正面に猪突し来れるは敵の過失にして必ず確保し得べし」と断言したことを、『大本営陸軍部戦争指導班　機密戦争日誌』は書き留めています。

一方連合艦隊も、この年三月、空母九隻を擁する空前の大艦隊を編制しています。この艦隊をもってアメリカの機動部隊との決戦に挑み、大打撃を与えて反攻の企図を挫き、戦局を優位に転換しようとしたのです。この作戦に昭和天皇は期待を寄せ、六月十七日「日本海海戦ノ如キ立派ナル戦果ヲ挙グル様作戦部隊ノ奮起ヲ望ム」（『戦史叢書　大本営海軍部・聯合艦隊（六）』）と、奏上した嶋田繁太郎軍令部総長に激励の言葉をかけています。

四四年六月、戦いは米機動部隊から発した艦載機のサイパン島・テニアン島・グアム島への空襲と激しい艦砲射撃によって始まり、十五日早朝、米軍は島の南西海岸に押し寄せます。サイパン上陸作戦の開始です。しかしこれは、「猪突」ではなかった。水際撃退のため海岸近くに構築していた防御陣地は、すでに艦砲射撃によって破壊されていましたし、上陸部隊は圧倒的な火力の支援を受けていたからです。これを白兵戦よろしく水際で撃退するなど、できない相談です。防御はたちまち破れ、守備隊は後退を余儀なくされました。

上陸戦の続いている六月十九日・二十日、サイパン西方で「マリアナ沖海戦」がおこなわれました。参加したのは、日本軍が空母九隻など七十三隻と艦載機四百五十機、米軍が空母十五隻など九十三隻と艦載機八百九十機。太平洋戦争中で最大の日米機動部隊決戦です。

しかし戦いは一方的でした。十九日は日本側の艦載機が攻撃をかけたけれども、レーダーに捕捉されて敵機に待ち伏せされたり、高性能の対空砲火で撃墜されたりして、ほとんどを失い、二十日は逆に二百機以上の米機の攻撃を受けて甚大な被害を出しています。この海戦での損害は、日本側空母三隻沈没・四隻損傷、艦載機四百機損失、アメリカ側空母二隻損傷、艦載機百十七機損失。日本側の完敗です。そのうえ、もはや日本には大型空母は一隻しかなくなった。事実上、機動部隊は壊滅したといっていいでしょう。

この海戦の大敗を受けて、大本営は、米上陸部隊による防御の突破後、ただちに立案を開始していたサイパン増援計画（奪回作戦）を中止し、これによりサイパン守備隊の命運は定まりました。制空権・制海権を握られて救援もこないとなったら、四万四千人の大部隊も孤島の守備隊と同じで、米軍の火力と物量の前に消耗を重ねていくほかはないのです。

　事実、守備隊はアメリカ軍の攻撃に追われて、島内を北へ三週間も敗走を続けました。そして、消耗も限界に近づいた七月六日、島北端に近い山中の洞窟で、司令長官、師団長ら四人の指揮官は自決します。しかし彼らは、自決に先立って翌朝の総攻撃を命令していた。残存の兵士らはその命令にしたがい、翌七日朝三時を期していわゆる「バンザイ突撃」をおこない、全滅しています。その数、およそ三千人。総攻撃前の自決、自決後の玉砕。このような自決のあり方、玉砕のあり方に、やりきれない思いをもつのは私だけでしょうか。

　また、捕虜となることを恐れたり潔しとしない民間人も、多数自決しました。草むらを走り抜け海べりの崖の上まで逃げていった日本人の女性が、ちらりとこちらに目を向けたかと思うと、次の瞬間、崖から身を投げるまでの一部始終を、アメリカ側が撮影した映像が、目に焼きついています。「生きて虜囚《りょしゅう》の辱《はずかしめ》を受けず」（戦陣訓）は、民間人をも律していたのです。この戦い、日本人の死者は、軍人約四万四千、民間人約一万二千人です。

一九四四年七月九日、アメリカ軍はサイパン島の占領を宣言し、日本はサイパン島を失いました。そして続く八月には、諸島中最大の島グアムと、サイパンに次ぐ第三の島テニアン島でも守備隊が全滅し、ここに日本はマリアナ諸島を失ったのでした。

「サイパン失陥」の恐るべき意味

「サイパン失陥」とは、どのような意味で太平洋戦争の決定的なターニングポイントだったのか。この問いへの答えは、「絶対国防圏の崩壊」、この一点に集約できると思います。

といって、ただ単に「絶対確保すべき要域」への侵攻を許したのは一大事、ということではありません。たとえば、圏内にあるトラック諸島は、すでに一九四四年（昭和十九年）二月、アメリカ軍の空襲によって基地機能を失ったうえ、米軍の北上を許しています。空襲時、連合艦隊は避難していたとはいえ、「絶対確保すべき要域」に侵攻を許したことは事実です。にもかかわらず、これが政府・大本営で問題視された形跡はないのです。

問題は、戦略的にであれ、政治的にであれ、社会的にであれ、その地点を失ったら、どれだけ日本はほんとうに困るかということです。そして、サイパン失陥あるいはもう少し広げてマリアナ諸島失陥には、戦略的・政治的・社会的のすべての点で日本がほんとうに困る、恐るべき意味がありました。それは、「本土空襲」が日程に上ったということです。

四四年の五月、つまりサイパンの戦いの直前に運用を開始した、「B29」というアメリカ軍の爆撃機があります。翼幅四十三メートル、全長三十メートルもある大型爆撃機で、一万メートルの高度を航行することができるし、最大で九トン

ばされていました。爆弾搭載時で約五千三百キロです。しかも、航続距離も長く伸びている、当時最新鋭の爆撃機でした。しかも、航続距離も長く伸

もう一つ数字をあげましょう。マリアナ諸島から日本本土までの距離、約二千四百キロ。

五千三百キロと二千四百キロ。この二つの数字を見て、何か気づきませんか？

そう、マリアナ諸島は、ここから飛び立ったB29が日本本土を空襲して帰ってくるのに、ちょうど間に合う位置にあるのです。これが、もっと南のトラック諸島だと遠すぎて航続距離が足りず、ここから日本寄りには大規模な空港を建設するのに適当な島はありません。

サイパンは、そしてマリアナ諸島は、そのような〝絶妙な〟位置にあります。まさに戦略上の最重要地点。トラック諸島の突破を日本がそれほど嘆かず、アメリカ軍もまた一度たたいたきりで素通りしていったのは、戦略上の位置づけに雲泥の差があるからでした。

もともとアメリカ軍は、B29による日本本土空襲を当面の最重要戦略に位置づ

《B29の爆撃可能範囲》

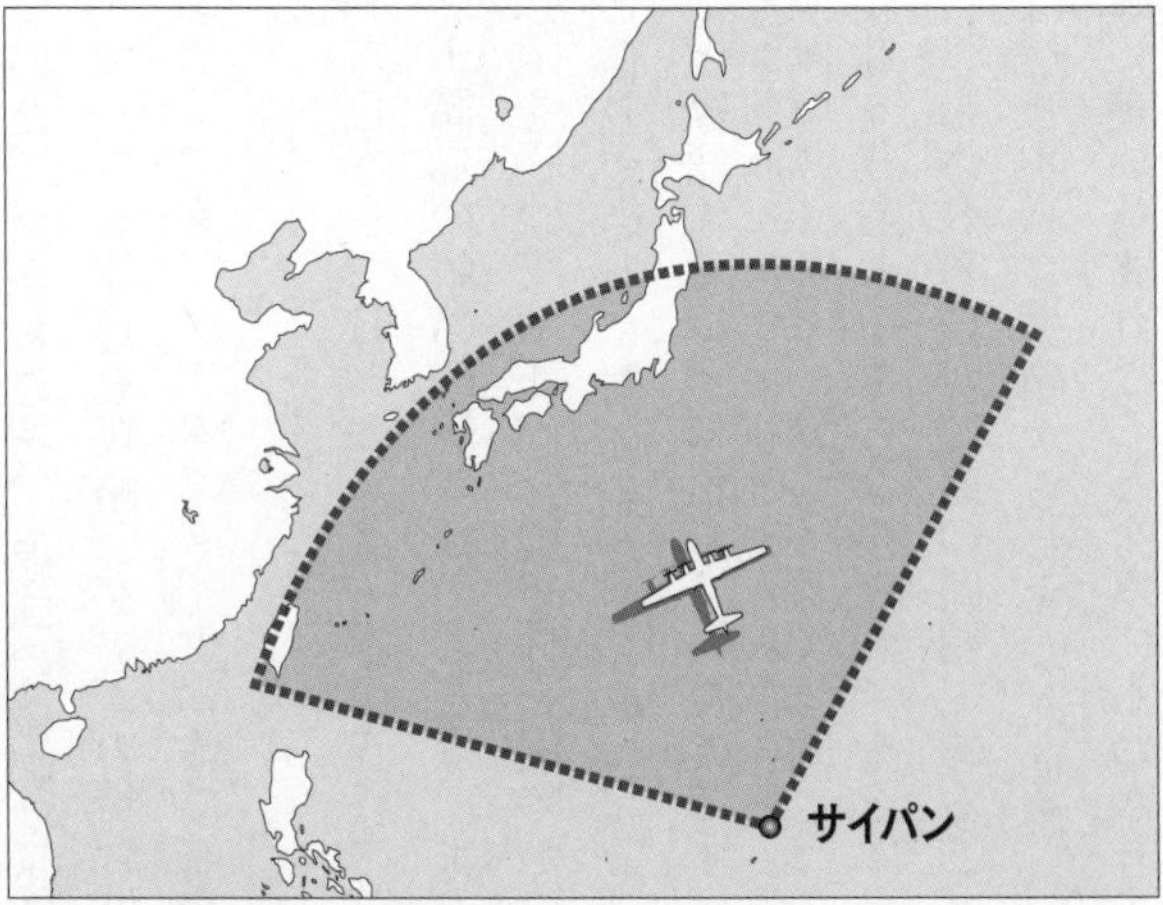

1943年11月6日、大東亜会議。国会議事堂前で記念撮影に収まる各国代表。前列左から、バー・モウ（ビルマ）、張景恵（満州）、汪兆銘（中華）、東条英機、ワンワイ殿下（タイ）、ラウレル（フィリピン）、ボース（インド）

けていた。だからこそ、最強の機動部隊と七万人近い兵力をつぎ込んでサイパン・マリアナ諸島を攻略（グアムの場合は奪還）するやいなや、サイパンでも、テニアンでも、グアムでも、大車輪で航空基地群を建設・整備しはじめたのでした。

一方日本も、B29のこと、本土空襲の可能性のこと、したがってサイパン・マリアナ諸島の戦略的重要性のことは、よくわかっていました。だからこそ、四万人以上を送ってサイパンの守備を固めたのです。そして、それでサイパンを守れると信じていた。前に見たように「此の堅固なる正面に猪突し来れるは敵の過失」と豪語するほどに信じていたのです。

それだけに、サイパン失陥の衝撃は大きかった。政府・軍部はもとより、多少の情報を得られるものならだれでも、本土の主要都市が、そして皇都・東京が空襲にさらされるのが時間の問題であることを思い知ったからです。実際、その衝撃は、サイパン失陥からわずか九日後（四四年七月十八日）に、東条英機首相が退陣に追い込まれたことをみてもわかります。細かく見れば、東条の権力主義、強硬な戦争遂行論、偏狭な精神主義といった政治姿勢や人格に危機感と嫌悪感を抱く、反東条派・和平派の重臣・軍人・官僚・政治家らが、サイパン失陥をきっかけとして工作したのが直接の原因でしょう。しかし、首相・陸相として、また陸軍統帥部の長である参謀総長として、サイパン失陥に重大な責任があることも明らかでした。

いまひとつ、「サイパン失陥」のもたらした重大なことについてもふれておきましょう。前節で見たように、サイパン失陥を決定づけたのは、「マリアナ沖海戦」の敗戦でしたね。この海戦で事実上、日本海軍の機動部隊が壊滅し、アメリカ軍がこの海域の制空権・制海権を握ることによって、サイパンの運命は決まったのでした。

太平洋戦争は、機動部隊こそが海上における決定的な戦力であることが明らかになった戦争です。ところが、その決定的な戦力である機動部隊を、日本はマリアナ沖海戦で失ってしまった。したがって、日本海軍は以後、合理的な作戦を立案できなくなってしまいます。そしてその結果、従来は考えられなかった「まともではない作戦」が採用されることになる。「特攻」――すなわち爆弾を装備した航空機・舟艇《しゅうてい》・魚雷などを乗組員が操縦して敵の艦艇に体当たりするという、はじめから生還を期すことのない攻撃作戦がそれです。いかなる意味でも正当化できない、この非人間的な作戦を多くの若者に強いた契機をつくってしまったという点でも、マリアナ沖海戦の意味は非常に大きいものがありました。

早く日本が負けて戦争が済めば良い

ところで、このような戦局の推移、戦争のあり方を、当時の庶民たちはどう見ていたのでしょうか。ここに、当時、造船に携わっていた労働者の青年の語った言葉があります。

　この戦争は勝っても負けても働いてその日の生活をして居る自分達の様な労働者や其の日稼ぎの小商人達には何の影響もないのだから早く日本が負けて戦争が済めば良い。どうせ困るのは金持や上の人丈《だけ》で自分等はどちらになっても大した変わりはない。

　戦前・戦中期に、主として思想犯を取り締まった特別高等警察（特高）という、内務省警保局指揮下の組織がありました。左翼思想のほか、社会に蔓延《まんえん》する退廃や不満にも目を光らせていて、落書きやメモ、街中での会話などを記録しては内部秘密の月報「特高月報」に載せ、民心の動向の判断材料にしていました。右の発言も、そうして記録されたものの一つで、「特高月報」の昭和十八年（一九四三年）三月号に載っています。

　この発言は、無力感、倦怠感《けんたいかん》が漂いながらも、社会上層部に対する不信感に満ち、しかも明らかに厭戦的《えんせんてき》です。広い意味で反戦的といってよく、またそうだからこそ、厭戦・反戦思想に敏感な特高が記録したのでしょう。注目すべきは日時です。四三年三月といえば、ガダルカナルからの「転進」があったとはいえ、戦局は全般的にまだ悪化していなかった時期、もちろん「大本営発表」は相変わらず勝利ばかりを言い立てていた時期です。その時期に、すでに戦争を相対化し、「敗戦」にまで言及する若者がいた。これは一つの時代の証言として、記憶しておいていい発言だと思います。

実際、情報が隠蔽《いんぺい》され、発表の表現が画一化されているなかで、あるいは画一化されているからこそ、一部の庶民は隠されている事情にうすうす気づき、政府・軍部・報道に、そして戦争そのものに疑いをもちはじめていました。

その「疑い」が現実のものとなるのは、四四年になるころからです。この時期、戦局はどうしようもなく悪化していて、政府・大本営も、もはや事実を国民から隠蔽できなくなった、あるいは隠蔽してもしょうがないと思うようになった。そのため、「大本営発表」は、この年二月には「玉砕」をやめて、「全員壮烈なる戦死を遂げたり」というようになったし、七月にはサイパンの戦いについて、「〈サイパン〉島の我が部隊は……全力を挙げて最後の攻撃を敢行……全員壮烈なる戦死を遂げたるものと認む」「在留邦人は……凡そ戦ひ得るものは敢然戦闘に参加し、概ね将兵と運命を共にせるものの如し」と発表しているのです。

このような、およそかつての発表と異なる発表に接すれば、だれでも戦況について予想はつくし、これまでの発表も疑わざるをえないでしょう。戦死者に対する悲痛な思いが無力感に、無力感が政府・軍への不信感に変わっていくのは、自然な心の動きだと思います。

遅まきながらの和平工作

その後の戦争の推移を見れば、サイパン失陥により絶対国防圏が崩壊し本土空襲が現実的なものとなった時点、言い換えれば、日本の敗北が決定的になった四四年（昭和十九年）七月の時点で、戦争は終わらせなければなりませんでした。

なぜ、終わらせられなかったのか。

実は和平に向けた動きはありました。さきの東条首相退陣のところに「和平派」と出てきたのにお気づきですか？　反東条・早期和平で行動を起こした人たち、たとえば前首相の近衛文麿《ふみまろ》、開戦以来ずっと早期和平を唱え続けていた外交官僚の吉田茂、ともに海軍大将で首相経験者の岡田啓介・米内《よない》光政といった人たちです。彼らの工作によって東条内閣は総辞職し、和平への取組みは次の小磯国《くに》昭《あき》内閣に託されることになりました。

四四年七月二十二日に発足した小磯内閣には、「戦争は敗けだ。確実に敗けだ」と公言する米内光政が海軍大臣として入閣しました。また、小磯内閣になってからの戦争指導方針には「徹底せる対外施策に依りて世界政局の好転を期す」と、外交による和平の可能性にふれた文言が入れられました。戦争継続論者の東条英機から政権が代わったことで、ようやくではあるけれども、戦争指導の場でも戦争終結を模索する空気が出てきたのです。

とはいえ、アメリカは、カイロ会談（四三年十一月、ルーズベルト米大統領・チャーチル英首相・蔣介石《しょうかいせき》中華民国国民政府主席がカイロでおこなった会談）の宣言に基づき、日本に対して無条件降伏を求めていました。それは具体的には、日本の武装解除や戦争指導者の処罰などを連合国側の自由に委ねることを意味します。それをできるだけ避け、また交渉での発言権をできるだけ大きなものとしたい、そのために交渉に先立ち、やはり海上決戦などで一撃を加えたい、その勝利のあとでなるべく有利な形で講和にもっていきたい、と考える人々が指導層内には多かった。いわゆる「一撃講和論」です。しかし実際には、一撃する機会などそうそうはないし、今度こそはと思った決戦では負けてしまう、ということで、時間ばかりを空費して、結局、戦争はやめられないままになった。これなど、あの時点で戦争を終わらせられなかったことの理由の一つでしょう。

一方、これとは逆に、終わらせるなんてとんでもない、積極的に戦争を継続すべきだという、いわゆる継戦派の主張というものもありました。たとえば、この年四四年は、中国戦線で日本軍が最も奥地にまで進攻した時期です。よって陸軍の一部には、太平洋ではともかく、中国には勝っているではないか、それをなぜ終わらせなければならないんだ、との意見もありました。また、たまたまですが、この年の六、七月は満州での鉄鉱石・石炭の生産量がピークになっています。この都合のいいデータに継戦派は飛びついた。大陸には資源は十分ある、まだまだ戦える、というわけです。こうした継戦派が無視しえない勢力であったことも、戦争終結への動きを鈍らせた理由の一つといえるでしょう。継戦派は、事実、四五年八月十五日、終戦の詔書が発せられる直前、皇居を襲撃する挙にでています。

しかし、政府が和平工作に取り組んだ事実はありました。サイパン失陥から本土空襲・本土決戦という事態を想定するとき、当時の指導者たちの頭にまず浮かぶのは「国体護持」であったはずで、そのためには藁《わら》にもすがる気持ちになっていたのは事実でしょう。

たとえばこの年の秋には、ソ連にアメリカとの仲介を要請するという、現在からみれば驚くような和平工作がありました。当時、日ソ中立条約(一九四一年四月)が結ばれていたので、日本と交戦していない唯一の大国・ソ連を頼ったのです。かつて日露戦争のときに、日本海海戦で日本が圧倒的な勝利をおさめたところで、アメリカが出てきて仲介をした。今度は、日本がアメリカに対してどこかで一回大勝利したあとで、ソ連に仲介してもらおうじゃないか、という一撃講和論に似た発想もあった。ソ連に仲介を依頼するにあたっては、いかにすれば、英米側がソ連に与えられるものよりも多くのものをソ連に提供できるか、その点も考慮されていました。

また、中国大陸で戦っている当の相手である中華民国国民政府（重慶《じゅうけい》政府、主席・蔣介石）に対して、和平とひきかえにアメリカとの仲介役を果たしてもらおう、という工作もありました。ただこれには、重慶政府が連合国の一員であったり、重慶政府と対立している南京政府（汪兆銘《おうちょうめい》政権）の存在もあったりで、一筋縄でいかないことは明らかでした。

結局、これらの工作はすべて失敗に終わりました。そのうえ、和平工作に時間をとられている間に、戦局はさらに逼迫《ひっぱく》し、犠牲者は増え続けていました。特攻攻撃が開始されたのは四四年十月、フィリピン・レイテ沖海戦の際のことでした。

また、取り残された太平洋の島々、大陸の奥地、インパールなどにおいては、餓死する兵士が日々増え続けていたのです。

サイパン以後の死

一九四四年(昭和十九年)十一月、アメリカ軍による日本本土への爆撃が開始されました。もちろん、サイパン、テニアン、グアムに整備された空港から飛び立ったB29によるものです。

当初は軍需工場の破壊をねらった戦略爆撃でしたが、四五年三月に方針が変わります。硫黄島上陸作戦(二月)に呼応したのです。硫黄島は、東京から南へ千二百五十キロの距離にあります。わずか千二百五十キロというべきでしょう。ここまできたら、日本本土への上陸は時間の問題です。それを踏まえれば、爆撃の効果をもっと上げる必要がありました。

そこで新たに採用したのが都市への無差別絨毯《じゅうたん》爆撃です。その最初の対象となったのは東京。言うまでもなく「三月十日の大空襲」です。十日未明、三百機近いB29から投下された約十九万個の焼夷弾《しょういだん》は、下町全域を焼き尽くし、十万人もの人間が、焼死・窒息死・溺死したのでした。そしてその後も、大阪・名古屋・横浜・鹿児島など、B29の焼夷弾は全国の主要都市に恐るべき被害を与え続けました。しかし戦争は続けられました。

沖縄本島では、四月から六月にかけて、この戦争で国内唯一といってもいい地上戦がおこなわれ、守備隊約十万人と民間人約十万人が亡くなりました。それでもなお戦争は終わりませんでした。

八月六日と九日には、テニアン島を飛び立ったB29から広島と長崎に原子爆弾が投下され、人類が初めて経験する惨禍《さんか》をもたらしました。さらに八月八日には、ソ連が日本に宣戦布告し、ソ満国境を越えて百五十万の赤軍が満州に侵攻を開始しました。

そして八月十五日。ようやく戦争は終わりました。

それにしても、サイパン失陥ののち、何と多くの日本人が亡くなったことでしょう。

東京大空襲で十万人、原爆で広島十四万人・長崎七万人、そして爆撃で亡くなった全国の人々——およそ五十万の民間人がサイパン以後に亡くなっています。ソ連参戦から敗戦の前後に、満州で多くの日本人市民が犠牲になっていることも忘れるわけにはいきません。

一方、日中戦争から敗戦までの軍人・軍属の死者は約二百三十万人。そのうち約六割の百四十万人が、広い意味での餓死だったという研究があります。絶対国防圏の外側に取り残され、補給を絶たれた島の守備隊が、そのかなりの割合を占めているのではないかと思います。

もう一つ、こんな数字があります。太平洋戦争で戦死した岩手県出身の軍人の年別推移です（表参照）。全体で三万七百二十四人のうち、四四年・四五年の死者が八七・六パーセントを占めています。九割に近い軍人が、最後の一年半に戦死しているのです。これが岩手県だけの現象でないとして、この間の兵器の進化

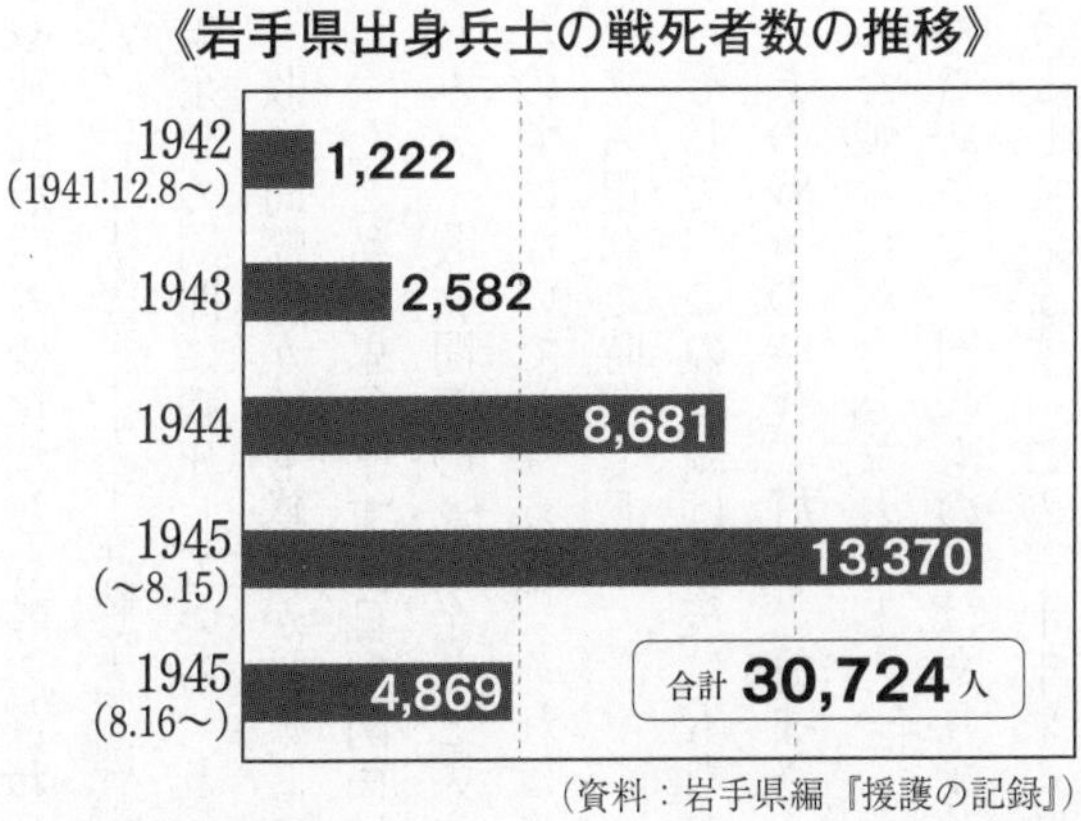

1945年３月18日、東京大空襲後、富岡八幡宮のある深川地域など被災地を視察する昭和天皇

や戦闘形態の変化なども考え合わせれば、次のようなことが言えるかもしれません。「日中戦争・太平洋戦争での戦死者三百十万人の大半は、サイパン以後の一年余りの期間に戦死している」と。

敗戦間際にかくも犠牲が拡大したのは、総力戦段階に入った戦争の招いた悲劇だったと私は思います。日本国民は、日中戦争から太平洋戦争を通じて受けた苦しみを、敗戦間際の一年余りという短い期間にもう一度、いわば〝上書き〟されたのではないでしょうか。それはまさに、戦争というものの悲劇が凝縮された形で立ち現れた時期でした。

そして、この悲劇は戦後にもなお、負の遺産を残しています。

あの戦争の時代、好むと好まざるとにかかわらず、すべての日本人が国家の始めた戦争に巻き込まれました。しかしもちろん、戦争から受けた苦しみは個のものであって、国のものではありません。ところが、それが国によって否定されようとしています。この三十年来、政府が主張している戦争被害受忍論がそれで、戦争から受けた苦しみや犠牲は国民が等しく受忍すべきだというのです。個を守るべき国家が、逆に、国家のために個を犠牲にするのは当然だという前提に立っています。しかも、等しく受忍すべきものといいながら、国との距離によって区別をする。軍人・軍属は恩給・遺族年金という形で累計五十兆円の補償があるけれども、民間のたとえば空襲被害者への補償はないのです。近年、その不公平が明らかになり、いまも国内国外で補償をめぐる訴訟や運動が続いています。

あるいは、アジアの国々に対する戦争責任の問題があります。日本人は、戦争責任を認めて率直に謝罪することが、なかなかできません。その心情の背景には、敗戦にいたる最後の一年余りに味わった悲惨で不条理な体験に対する、いいようのないこだわりがあります。実際、私もひどい目にあった、というこだわりが残らざるをえないような、戦争の終わり方だったのです。そのこだわりが、いまもなお、アジアの国々とそこに生きる人々に素直に頭を下げるのを妨げているように、私には思われます。

今回は「サイパン失陥」が太平洋戦争のターニングポイントだったわけ、失陥の時点で戦争を終わらせられなかったわけ、それが戦争末期にもたらしたものなどについて、お話ししました。では、そもそも日本はなぜ、圧倒的に国力差のあるアメリカと戦ったのか。次章では「日米開戦」にさかのぼって考えてみましょう。

第2章

日米開戦　決断と記憶

1941年（昭和16年）

1939｜米、日米通商航海条約廃棄を通告
1940｜第二次近衛内閣成立
北部仏印進駐
日独伊三国同盟
1941｜日ソ中立条約
日米交渉開始
南部仏印進駐
東条英機内閣成立
ターニングポイント② 太平洋戦争始まる（日米開戦）

国力と精神力

太平洋戦争中の一九四四年（昭和十九年）五月四日、時の東条英機首相（陸相・参謀総長兼任）が埼玉県にある陸軍航空士官学校を抜き打ちで視察したことがあります。その目的は、『東條内閣総理大臣機密記録』によれば、「士気振作、戦力増強に資する」ためでした。士官たちに気合いを入れるための視察でした。しかしその際、首相は一人の生徒に「敵機は何で墜とすか」と質問したのです。そして、生徒が機関砲でと答えると、首相は言下に訂正しました。「違う。敵機は精神力で墜とすのである」。

東条首相のおそるべき精神主義をあらわすエピソードとして、よくひきあいに出される話です。もちろんそれはそうに違いないのですが、しかし、この発言がなされた時期にも留意する必要があります。四四年五月といえば、すでに日本の敗色が濃厚になっていた時期。前年秋以降、中部太平洋でギルバート諸島・マーシャル諸島の日本軍守備隊を全滅させたアメリカ軍が、西太平洋でもニューギニアを制圧しトラック諸島も攻略して北上態勢に入り、サイパン島を含むマリアナ諸島へと今まさに迫りつつあった時期にあたります。そのような時期に発せられたこの言葉の背景には、太平洋の制海権・制空権をめぐる島嶼《とうしょ》作戦をおこなうに際しての、どうしようもない彼我の戦闘力の差、つまりは国力の差に対するはっきりとした認識があり、そのような絶望的な状況を覆すにはもはや精神力に頼るしかないという、ある意味で悲鳴のような響きも感じ取れるのです。

実際、開戦時（一九四一年十二月）に真珠湾などで大損害を受けたアメリカが、態勢を急速に立て直して四三年に本格的な反攻を開始して以後、太平洋における戦いは終始、アメリカ軍の科学・技術力と物量が日本軍を圧倒する形で進められました。

たとえば「マリアナ沖海戦」。前章でお話ししたように、戦争の帰趨を決定したサイパン攻防戦の一環として戦われた海戦でしたね。この海戦では、先に米艦隊を発見した日本側が得意のアウトレンジ攻撃（米の艦載機の航続距離外から、より航続距離の長い日本の艦載機を発進させる戦法）をかけますが、米側の高性能レーダー（日本側レーダーの捕捉距離約百キロに対し約二百四十キロ）にいち早く捕捉され、米戦闘機の待ち伏せを受けたり、また、ようやく米艦隊に接近した攻撃機も、VT信管（目標物が一定の範囲に入ると起爆する信管）という日本側には未知の信管を装備した最新鋭の砲弾による砲火を浴びて、次々に撃墜（米側のいう「マリアナの七面鳥撃ち」）され、そのほとんどを失ってしまいました。科学・技術を駆使した米側の戦法に、なすすべもなく敗れてしまったわけです。もちろん、その科学・技術力の究極の形が原子爆弾でした。

物量に関しては次の数字をあげましょう。四二〜四三年、ガダルカナル島（当初の日本軍守備隊約二千五百人）に攻め寄せた米軍約二万人。四四年、サイパン島（日本軍守備隊約四万四千人）には同じく約七万人。そして四五年になると、硫黄島（日本軍守備隊約二万一千人）には八百隻をこえる艦船と約十一万人の上

《日本とアメリカの国力差》
——開戦時(1941年)——

国民総生産	12倍
粗鋼生産量	12倍
自動車保有台数	161倍
石油	777倍

(資料：山田朗『軍備拡張の近代史』吉川弘文館)

陸部隊、さらに沖縄(日本軍守備隊約十万人)には、戦艦二十隻をはじめとする大小千三百隻の艦船と兵員約十八万人。すさまじい物量作戦です。

そもそも総力戦でものをいうのは、表層的な軍事力ばかりではありません。それを支えるのは、科学・技術力、経済力、民需生産も通常通りにおこなえる生産力、資源、等々を含めた総合的な力、すなわち「国力」です。この国力という点で、アメリカと日本軍はいったいどれくらいの差があったのか、日米戦争の開戦時(一九四一年)における両者の国力を比較したデータがあります(表参照)。これによると、アメリカは日本に対して、国民総生産で約十二倍、すべての重化学工業・軍需産業の基礎となる粗鋼生産も約十二倍、自動車の保有台数は実に百六十一倍、石油資源にいたっては約七百七十七倍です。

このような事実は、当時の日本政府も軍部も、もちろん把握していたのです。つまり、彼我の国力の差は、きちんと認識していた。それどころか、上層部のみならず日本国民全体が認識していたと言ってもいいのです。にもかかわらず、日本は対米戦争に踏み切りました。なぜ、これほどまでに圧倒的に国力差のあるアメリカに対して、現在から見れば無謀とも思われる戦争を日本は始めてしまったのか。そこには、どのような論理と背景とがあったのか。今回は、いろいろな角度から、日米開戦にいたる道を検証してみましょう。

「泥沼」からの脱出めざして南進へ

日米開戦の直接・間接の引き金になった出来事はいくつも考えられますが、そのおおもとには日中戦争、とりわけその長期化があったということは動きません。一九三七年（昭和十二年）七月に北京（当時は北平）郊外の盧溝橋《ろこうきょう》で、日本軍と中国軍（国民政府軍）との間に偶発的な小戦闘が起きたとき、これがその後何年も続く戦争の始まりになると思った人間はほとんどいなかったでしょう。実際、当時の第一次近衛文麿内閣は当初、不拡大方針を打ち出し、現地解決方式をとることで事はおさまると踏んでいました。ところが、戦闘が上海に飛び火するに及んで、日中は全面的な戦いに突入してしまう。しかも、「一カ月くらいで片付く」（杉山元陸相）との見込みに反して、戦線は華北から華中へ、さらに内陸部へと拡大します。蔣介石率いる国民政府は、共産党と抗日民族統一戦線を組み、またソ連からは軍事援助、米・英からは物資援助を受けながら、ある意味、挙国一致の体制を整え、かねてからのドイツの軍事顧問団などの支援も受けつつ、上海を戦場とした徹底抗戦に打ってでました。日本の陸海軍指導層は正確な事態の把握を怠りましたが、中国は、かなりの程度まで抗日戦を戦う準備を整えていたのです。持久戦論は共産党の毛沢東のものが有名ですが、蔣介石も同じ理論に立っていました。このようにして、戦線は膠着《こうちゃく》し、持久戦に持ち込まれることになりました。この戦争を形容する決まり文句でいえば、日中戦争は「泥沼」にはまり込んでいったわけです。

中国との戦争が始まって三年たった四〇年、「泥沼」の日中戦争に業を煮やした第二次近衛内閣は、そこから脱出すべく新たな方策を決定します。そのキーワードは「南進」、つまり南方への進出。すなわち、この年七月決定の『世界情勢の推移に伴ふ時局処理要綱』において、「速《すみやか》に支那事変（日中戦争）の解決を促進すると共に好機を捕捉し対南方問題を解決す」としたうえで、「支那事変処理に関しては……特に第三国の援蔣《えんしよう》行為を絶滅する等凡《あら》ゆる手段を尽して速に重慶政権（蔣介石の国民政府）の屈伏を策す」「支那事変の処理未だ終らざる場合に於て対南方施策を重点とする態勢転換に関しては内外諸般の情勢を考慮し之を定む」としたのです。

この南進政策によって日本が目指したことは二つです。まず一つは「援蔣行為の絶滅」。日中戦争がいたずらに長期化し泥沼に陥っているのは、要するに第三国の米・英・ソが物資援助などの援蔣行為（蔣介石を援助する行為）をおこなっているからだ。ならば、援蔣ルート（援蔣物資を運ぶ道）を遮断してしまえばいい。そしてそのためには、仏印（フランス領インドシナ）に進駐して飛行場をつくり、ここから援蔣物資を運ぶ車輛や船を爆撃できる態勢をつくればいい、と考えたわけです。また、英仏の植民地の拠点に近い重要地点をおさえておけば、援蔣方針を再考させることも可能だ、とも考えられました。

もう一つの南進の理由は、「資源の確保」です。日中戦争に終結の兆しが見えないのなら、戦争継続を支える経済的基盤を確立するために、必要な資源を南方

1939年9月1日、ポーランド、ウェスタープラットを視察するヒトラー

（東南アジア）において自力で獲得しよう、というのです。

こうして、四〇年九月二十三日、日本軍は北部仏印に進駐します。ひどい主権侵害だ、それほど簡単に他国へ進駐などできるはずがない、と思われるでしょう。もちろん、これにはわけがあります。第二次世界大戦の緒戦、ドイツが破竹の勢いでヨーロッパを席巻しました。その一つがフランスで、四〇年六月にはドイツ軍にパリを占領され、七月には対独協力政権のヴィシー政府が成立します。つまり、日本が進駐を目論んだ仏印の宗主国フランスの政府は、日本とは防共協定

（三六年に締結）で結ばれたドイツの傀儡《かいらい》政権だったのです。ですから交渉でも日本は要望を強要することができた。そして、仏印当局の了承のもとに仏印に進駐することができた、というわけです。しかも、進駐直後の九月二十七日には日独伊三国同盟が結ばれ、アジアにおける日本の指導的地位の相互認証と、第三国との武力衝突が起きた場合の相互軍事援助が謳われた。この場合の第三国とは、アメリカ以外に考えられません。

こうして、いよいよアメリカが日本の前に立ちふさがることになります。もともとアメリカが中国国民政府の側に立って援助をおこなったのは、かねてから中国との間に巨大な貿易関係、経済的権益をもつアメリカとして、中国をあたかも門戸閉鎖するような日本のふるまいは許さない、というのが動機です。つまりアメリカは、中国に対する日本の政治的・軍事的・経済的な施策を東アジアの経済的独占支配を企図するものと見てとっていました。すでに三九年七月には日米通商航海条約の廃棄通告をおこなって、日本側が対中政策を再考しないかぎり、日米の貿易関係が破壊されますよ、と警告を与えたわけです。ところが、陸海軍部のみならず、この頃の日本の外務省や大蔵省の重要なポストには、このようなアメリカの締め付けに対して、強く反発する革新官僚と呼ばれた人々がついていました。アメリカが日本を脅すことで日本の政策を変更させようとしているとして、彼らはむしろ強く出て、東南アジアにまで触手を伸ばす南進政策を採りました。アメリカの態度が硬化するのは、本来は予想されたはずです。しかし、アメリカの採った制裁措置は、日本側の予想を超えるものでした。日本軍の北部仏印進駐直後の九月二十六日、アメリカは屑鉄鋼の対日輸出を禁止したのを皮切りに、十二月には鉄鉱・銑鉄など、年が明けて四一年一月には銅・亜鉛など、二月にはラジウム・ウラニウムなど、日本が戦争を遂行するうえで必要な物資を次々と禁輸品目に加えてゆくのです。

警告と無視、そして経済制裁による圧迫。事態は戦争の一歩手前にまで進んでいました。事ここにいたっては、アメリカと正面から向き合わざるをえません。一九四一年四月、日本はアメリカとの間で、戦争を回避するための交渉を開始します。しかし、それがうまくいかなかったことは、何より日米開戦という事実が物語っています。

「帝国と衝突の機会最多きを米国とす」

こうして、新たな戦争の相手国としてアメリカが浮上してきたわけですが、しかし、「浮上してきた」という言い方は正しくない。というのも、意外に思われるでしょうが、この日米交渉の二十年近くも前から、日本はアメリカとの戦争を意識し続けてきたからです。

戦前の日本の国防・軍事は、「帝国国防方針」という基本文書に基づいていました。日露戦争後の一九〇七年（明治四十年）、明治政府によって制定されたものので、国家目標・戦略から導かれる国防方針、情勢判断、想定敵国などについて記したものです。

なかで想定敵国というのは、「国家の戦略を遂行するに足る国防力を建設・維持・運営するために必要な計画を整備するため想定される国」のことで、ただちにその国と戦争を始めるほどの緊張関係を前提とするものではありません。けれども、日本の戦略遂行に関わってくる他国である以上、戦争する可能性の最も高い国であると策定者（統帥部＝参謀本部、海軍軍令部）がみなしていたことは確かでしょう。ちなみに、この国防方針の想定敵国は、「露国を第一とし、米、独、仏の諸国之に次ぐ」となっています。

その後、「帝国国防方針」は三回改定されています。当然ながら、国際関係は相対的なものなので日々変わるし、戦争形態も科学・技術の進歩によって変わるからです。そして、改定に伴って、想定敵国もまた変更されています。

一九一八年（大正七年）六月の第一次改定では、想定敵国は「ロシア、米国、中国」の順とされました。日本が突きつけた対華二十一か条要求に対して、中国の官民がこぞって反発し、排日運動が起きたことなどを背景に、中国が新たに想定敵国に加えられたのです。

そして、第一次から五年後の一九二三年（大正十二年）二月の第二次改定。この改定の背景として最も重要なのは、二年前（二一年）に開催されたワシントン会議で結ばれた海軍軍縮条約です。この条約で、主力艦保有比率などについての日本の主張が受け入れられなかったところから、海軍軍令部を中心として、条約締結を主導したアメリカへの反発と警戒が高まっていたのです。そのことを前提として、まず「情勢判断」から引用しましょう。

禍機醞醸《かきうんじょう》の起因は主として経済問題に在り、惟《おも》ふに大戦の創痍《そうい》癒ゆると共に、列強の経済戦の焦点たるべきは東亜大陸なるべし。蓋《けだ》し東亜大陸は地域広大資源豊富にして、他国の開発に俟《ま》つべきもの多きのみならず、巨億の人口を擁する世界の一大市場なればなり。是に於て帝国と他国との間に利害の背馳《はいち》を来し、勢の趨《おもむ》くところ遂に干戈《かんか》相見《まみ》ゆるに至るの虞《おそれ》なしとせず。而《しか》して帝国と衝突の機会最《もっとも》多きを米国とす。

ここで「大戦」は第一次世界大戦、「東亜大陸」は中国のこと。つまり、第一次大戦後の一九二〇年代以降、資源豊富で広大な市場の中国をめぐって列強間の経済的な利害対立が高まる、なかでも、利害の対立が高じた末に日本が衝突（戦争）する可能性のいちばん高いのはアメリカである、というのです。これを踏まえて、想定敵国では第一に陸海軍共通のものとして米国をあげ、「早晩帝国と衝突を惹起《じやつき》すべきは蓋し必至の勢」とまで踏み込んでいます。これに次ぐのはロシア（ソ連）・中国ですが、アメリカについては「帝国の国防は我と衝突の可能性最大にして且《かつ》強力なる国力と兵備とを有する米国を目標として主として之に備へ」としているのにくらべて、ロシア・中国については「親善を旨として之が利用を図る」となっているのを見れば、ほぼアメリカ一国が想定敵国とされていると受け取れるのです。

中国をめぐる利害対立から日米戦争へ――それにしてもこの帝国国防方針の想定は、前節で見た「日中戦争から日米対立、そして戦争の危機」という現実の過程を、二十年近くも前から、何と正確に言い当てていることでしょう。

ところが、この時期、アメリカでも同じようなことを想定していました。一九二四年、つまり帝国国防方針第二次改定の翌年に、クーリッジ大統領の承認を受けて正式に採択された「オレンジ・プラン」がそれです。当時アメリカは、世界の国・地域を対象としてそれぞれ戦争作戦計画を想定していました。その際、ドイツをブラック、イギリスをレッドなどと、対象を色別に分けた。その色が日本はオレンジだったので、オレンジ・プラン。要するに対日作戦計画です。太平洋戦争までにつくられたすべてのプランに共通するのは、次の三段階です。すなわち、第一段階は日本による攻勢的攻撃の過程、第二段階はアメリカがさまざまな方法で日本近海に迫ってゆく過程、第三段階は大陸によって生存しようとする日本の力を、空と海からのアメリカの力で封鎖し、包囲して降伏させる過程、というものです。

いかがでしょう。一九二〇年代初めの時点で、日本とアメリカの双方が近い将来の日米戦争を意識し始め、お互いに呼応し合うように国防方針や作戦計画にそれを盛り込んでいたわけです。驚くべき符合と言うほかはありませんね。

この想定以後の実際の歴史を概観すれば、こうなります。すなわち、十九世紀以来、中国をはじめとするアジア地域に最も早く進出し、最大の勢力を張っていたイギリスが、一九二〇年代には、大戦後の疲弊から経済においても安全保障においても影響力を低下させた。そのイギリスの穴を埋めるように、この地域の主役に躍り出たのが、地理的に中国から近い日本と、大きな資本力をもつアメリカの二国でした。アメリカは、中国の門戸開放と主権尊重を謳うことで日本を牽制《けんせい》する一方、イギリスの既得権益が集中する地域への経済的進出を図ったのです。

そして、この中国をめぐる日本対アメリカの構図は、世界恐慌（一九二九年）をきっかけとして、金本位制の本場であるイギリスが経済的にまったく落ち込んで海外の拠点を支える経済的基盤を失い、逆に、アメリカが失業対策として海外市場の開拓により積極的に乗り出した一九三〇年代には、さらに鮮明になりました。

こうして四〇年代に入ると、日米双方がかつて想定したとおり、中国における両国の経済的利害の対立は国家としての対立へとエスカレートし、今や戦争が現実のものとなろうとしていました。そこで、戦争を何とか回避しようとぎりぎりの日米交渉が始められたというのが、四一年春の状況です。

北進か、南進か

しかし、戦争回避のためのぎりぎりの交渉とはいいながら、一九四一年（昭和十六年）四月に開始された日米交渉は、はじめから歯車がかみ合いませんでした。アメリカの国務省には、ハル国務長官のような慎重派もいましたが、極東部長には対日強硬派ホーンベックがついていました。ホーンベックも、むろん日米戦争を望んでいたのではなく、強く出れば、これだけの国力差がある日本がアメリカに挑んでくるとは考えられなかったのです。さきほど、日本の外務省のアメリカ局などが対米強硬であったと述べましたが、日米双方、まさに外交に関与する人々の意見は、現在想像するよりもずっと強硬でした。

両国間の齟齬《そご》は、はじめの「日米諒解案」からあらわれます。諒解案は、交渉の試案として、日米の私人（司祭、神父、軍人、民間人）が協議してアメリカ・ワシントンで作成されたもの。これを野村吉三郎駐米大使がハル国務長官に示して、政府レベルでの日米交渉が開始されたわけです。内容は、①日中間の協定による日本軍の中国撤退、中国の独立尊重、重慶政府（蔣介石政権）と南京政府（汪兆銘政権）の合流、満州国の承認などを条件に、アメリカが日中間の和平斡《あっ》旋《せん》に乗り出すこと、②日米間の通商・金融提携をすすめること、③日本の必要とする物資の獲得にアメリカは協力することなどで、日本の立場に大きく配慮したものでした。ですから、これを野村大使から報告された日本政府は喜びました。

ところが、この諒解案はアメリカ側の諒解を得てはいなかったし、逆に諒解案提示の席で、ハル国務長官は従来から掲げていた四原則を野村大使に示して承認を求めてさえいたのです。その四原則とは、①他国領土保全と主権の尊重、②他国の内政への不干渉、③通商上の機会均等、④太平洋の現状維持というものでした。諒解案とは真っ向から対立する内容で、とうてい日本政府が承認できるものではありません。しかも、初手からの交渉頓挫《とんざ》を恐れた野村大使は、ハルがこの四原則を提示した事実を政府に報告していませんでした。結局、六月になってハル国務長官が四原則に基づく立場を改めて表明することにより、日米諒解案は泡のように消えてしまいました。現在判明しているところでは、日本もアメリカも双方の外交電報を暗号解読で読んでいましたから、野村が日本側に渡していなかったアメリカ側の電報の全容や、松岡洋右《ようすけ》外相の考え方など、双方が相手方の真意を疑いはじめることになりました。このようなやりとりで、二か月がたってしまいました。

こうして、日米交渉で空しく時間を費やしている間に、ヨーロッパ戦線では驚天動地の出来事が出来《しゅったい》します。四一年六月二十二日、ドイツ軍が突如ソ連に侵攻したのです。

突如勃発した独ソ戦への対応をめぐって、政府・軍部は大騒ぎになります。というのも、日本はドイツとは三国同盟（四〇年九月締結）を結んでいる同盟国であり、一方では、わずか二か月前の四月に松岡洋右外相がモスクワで日ソ中立条約を結んだばかりだったからです。日ソ中立条約について松岡は、三国同盟にソ連を加えた、いわば四国同盟のような体制で、英・米などの資本主義国に対抗しようと構想していた。それが、独ソ戦勃発で吹き飛んでしまったわけです。しかし、茫然《ぼうぜん》自失する間もなく、松岡は態度を一変させます。この際、ドイツに呼応して背後からソ連を攻撃してしまおうという。突然の「北進論」です。そしてこれに、伝統的にロシアを主敵とみなしてきた参謀本部の一部が同調して、北進論がにわかに高まってきます。

一方、外務省・参謀本部がにわかに主張し始めた北進論にとまどったのが陸軍省と海軍で、北進論を抑制するため、対抗上、こちらは「南進論」を掲げることになってしまいました。具体的には、北部仏印から南部仏印へのさらなる南進です。実際、南部仏印に進駐すれば、英領マレーや蘭印(オランダ領東インド)が日本軍の航空機の行動圏内に入るため、東南アジア全体ににらみをきかすことができるという利点もあるわけです。

こうして北進論・南進論がせめぎあうなかで、七月二日、御前会議が開かれました。そして、そこで決定された「情勢の推移に伴ふ帝国国策要綱」は、言わば両派の主張を両論併記する形となった。すなわち、「帝国は依然支那事変処理に邁進《まいしん》し、且《かつ》自存自衛の基礎を確立する為南方進出の歩を進め、又情勢の推移に応じ北方問題を解決す」、つまり、従来どおり南進を進め、一方で独ソ戦の展開によってはソ連を撃つ、というのです。これにしたがい、まず七月七日には、関東軍特種演習（関特演）の名称のもとに七十万人の大兵力を満州に集結させて対ソ戦に備え、次いで七月二十八日には、南部仏印への進駐を開始したわけです。

ところで、右の国策要綱には、「南方進出の態勢を強化す」の文言に続いて、「帝国は本号目的達成の為対英米戦を辞せず」との重大な一行が書かれています。ところがこれは、北進論の主戦派を納得させるための「作文」に過ぎなかった。ほんとうのところ南進派は、南部仏印に進駐といってもフランス領内の移動に過ぎない、そのことでアメリカが何らかの強い報復措置に出ることなどありえない、と考えていました。事実、大本営陸軍部の戦争指導班が記録していた『機密戦争日誌』には、「仏印進駐に止まる限り、禁輸なしと確信す」との記述があります。

ところが、実際はちがった。南部仏印進駐の動きを察知したアメリカは、七月二十五日には在米日本資産の凍結を断行し、八月一日には石油の対日全面禁輸を実行したのです。これは日本側の想像を超えた強硬な措置でした。資産凍結が日本の経済に打撃を与えることは確実でしたし、何よりも、使用量の九割までをアメリカからの輸入に頼っていた石油が全面禁輸となっては、戦争継続はおろか、日本の民間産業や国民生活そのものまで早晩たちゆかなくなるからです。

それにしても、なぜアメリカは、このような予想外の強硬措置をとったのか。それは、現在の研究から判明していることでいえば、ソ連を応援するためでした。ドイツとの戦争を始めたばかりのソ連が連合国側から脱落しては、元も子もないのです。連合国の兵器庫と自ら位置づけるアメリカでしたが、当時は軍需産業が動き出したばかりで、まだモノがない。四二年春になれば何とか輸出態勢が整うので、それまではソ連に持ちこたえてもらわなくてはならない。そこで、ソ連が当面の敵ドイツに加えて背後から日本の攻撃を受けることがないように、日本を強く牽制し注意をアメリカにひきつけた。つまり、ソ連の背後の脅威を除くために取った措置だったのです。

ともあれ、石油全面禁輸の衝撃は甚大でした。そこから、石油を絶たれて追い詰められる前に起つべきだ、アメリカとの戦争を始めるべきだという早期開戦論が、軍はもとより国民の間にも満ちてきます。政治的、軍事的な戦争開始はまだ先でしたが、戦争に向かう国内の気運は対日石油禁輸が導いたといえるかもしれません。

四十歳代の共通体験

ここで、少し角度を変えてみたいと思います。日米開戦の最大の推進力となった陸海軍の将校たち、とりわけ参謀本部・軍令部の中堅幕僚たち、彼らの内面にはいったい何があったのかについて考えてみたいのです。

明治憲法第十一条「天皇ハ陸海軍ヲ統帥ス」は、軍の作戦や指揮を司る権能（統帥権）が天皇に属することを謳った条文。天皇のみがもつ絶対的権限である天皇大権の一つであり、何ものにも拘束されず、天皇が自ら独立して運用するとされていました。とはいえ、すべての軍事について天皇一人でおこなうことは不可能ですし、天皇の判断が誤った場合に責任をとる部署がなければならない、よって、陸軍では参謀本部、海軍では軍令部が内閣から独立して、天皇を輔翼《ほよく》（補佐）しました。政治について、天皇を無答責に置くために、国務大臣が輔弼《ほひつ》するのと、ちょうど同じような構造をもっています。要するに、大小の作戦の立案などを統帥部（参謀本部と軍令部）が実際にはおこなっていたわけです。

どの世界でも、いちばん仕事に熟達し、精力的に働いているのは、おおむね四十歳代の課長クラスの人ではないでしょうか。それは統帥部でも同じでした。一九四一年（昭和十六年）でみますと、参謀本部作戦課長の服部卓四郎大佐・四十歳、軍令部第一部一課長の富岡定俊大佐・四十四歳といった具合です。

ところで、彼らに共通するある体験がありますが、何だかわかりますか？　答えは「日露戦争」です。日露戦争は一九〇四〜〇五年（明治三十七〜三十八年）に戦われた戦争なので、三十六年も前。四十歳代の彼らは、もちろん参戦したわけではありません。けれども、「少年のときに日露戦争を体験した」という共通点があるのです。

日露戦争というものが、当時の少年たちの心にどれほど大きく響き、どれほど深く刻まれたことか。たとえば一九〇一年生まれの昭和天皇です。壮年期に日米開戦を迎えた昭和天皇は、日露戦争当時は三〜四歳、裕仁親王の時代です。そのころ養育掛を務めた木戸孝正東宮侍従長は、裕仁親王が一歳違いの弟宮（秩父宮）と日露戦争ごっこに興じる様子を、日記に書きとめています。あるいは、戦争末期の四四年に硫黄島守備部隊二万一千人の総指揮官となり、入念な陣地構築と縦横な戦術でアメリカ軍の心胆を寒からしめた末に戦死した栗林忠道中将。日露戦争当時、栗林は十三〜十四歳で、兄が出征していました。近年、長野県松代町（長野市）に残る生家から、当時の栗林少年が描いた日露戦争に関するイラストや大量のメモが見つかりました。彼は刻々と伝えられる戦況を自分なりに解釈し、旅順作戦などを詳細な戦略記につくりあげたのです。硫黄島の戦いに通じるような塹壕《ざんごう》戦を克明に描いている部分には、どうしても目がとまってしまいます。

また、当時の少年の多くは、たとえば博文館が戦況を追って出し続けた『日露戦争写真画報』の写真やルポ、あるいは少年少女雑誌に載せられた戦争の錦絵などに、心をときめかせました。あえていえば、戦争というものをある種のエンタテインメントとして体験した、最初の世代だったといえるのではないでしょうか。

こうして少年時代に刻みつけられた華々しい勝利の記憶が、長じて軍人を志す大きな動機となり、軍人になってからは模範的な戦いとして常に反芻《はんすう》し続ける対象となったことは、疑いありません。そして、記憶はいつしか信念になる。一対一〇もの国力差のある大国ロシアに勝ったではないか（その前には大国清に勝ったではないか）、それを思えば、どこが相手であろうときっと勝てる、という信念。日本海海戦のような大胆な短期決戦を挑めば、きっと勝てる、という信念。戦えば勝つ、という信念——。

そのような彼らが四十歳代になり統帥部の中核を担ったとき、開戦それも早期開戦を渇望したことは想像に難くありません。実際、彼らは日米開戦をためらう天皇にさまざまな情報を提供しては、開戦の決断を促しました。そして天皇も、ある段階で、「この戦争は武力でも勝てる」と思ったかもしれません。昭和天皇もまた、統帥部の幕僚たちと日露戦争の記憶を共有する同世代の人だったからです。

「戦争を辞せざる決意」から「戦争を決意」へ

一九四一年（昭和十六年）九月、昭和天皇はまだ開戦には後ろ向きでした。英米相手に武力戦は可能なのかどうかについて、いまだ納得していなかったのです。

九月六日に開かれた御前会議は、なかば天皇説得の場でもありました。

この席で永野修身《おさみ》軍令部総長は、慶長《けいちょう》の昔の「大坂夏の陣」の話を持ち出して、早期開戦を天皇に説いています。すなわち、「大坂冬の陣のごとき平和を得て翌年の夏には手も足も出ぬ様な不利なる情勢の下に再び戦はなければならぬ事態」に立ち至ることは、皇国百年の大計のためにとってはならない、というのです。つまり、開戦の決意をせずに戦争をしないまま、「大坂冬の陣後の束の間の和平の間に徳川氏に濠を埋められ、翌年の夏の陣で滅ぼされてしまった豊臣氏のように」、いたずらにアメリカに滅ぼされてしまうのか、あるいは、七、八割方は勝利の可能性のある緒戦の大勝に賭けるか、の二者択一であれば、開戦に賭けるほうがよい、という判断です。そして、この会議で決定した「帝国国策遂行要領」には、ついにこの文言があらわれます。

帝国は自存自衛を全うする為対米（英、蘭）戦争を辞せざる決意の下に概ね十月下旬を目途とし戦争準備を完整す

ひと月余前の南進決定の際に書かれた「帝国は本号目的達成の為対英米戦を辞

せず」との「作文」とはおよそ真剣さが異なり、しかも外交期限まで区切られています。前日にこれを見た昭和天皇は、「之では戦争が主で交渉は従である」から「交渉に重点を置く案に改め」(『昭和天皇独白録』)ることを、近衛首相に要求していました。

とはいえ、まだ外交交渉の道が閉ざされたわけではありません。特に近衛首相は、ルーズベルト米大統領との首脳会談に打開の望みをつないでいました。しかし十月二日、首脳会談が事実上拒否され、加えて例の四原則の確認、中国・仏印からの撤兵を要求されるに及んで、その望みも絶たれ、十六日、第三次近衛内閣は総辞職します。

後継の首相は東条英機陸軍中将(十月十八日、大将に昇進して組閣)。総辞職した近衛内閣の陸相であり、対米強硬派として近衛首相と対立した人物です。だから首相となった東条が、主観的にはどれだけ天皇の意向に忠実であろうと、対米交渉に努力を傾けようと、軍部の強硬論をおしとどめることはすでにできなかった。東条内閣発足からわずか十八日後の十一月五日の御前会議は、次の「帝国国策遂行要領」を決定します。

帝国は現下の危局を打開して自存自衛を完うし大東亜の新秩序を建設する為此の際対米英蘭戦争を決意し左記措置を採る
㈠　武力発動の時機を十二月初頭と定め陸海軍は作戦準備を完整す（二～四略）

「戦争を決意」の語が決定的でしょう。日本は戦争を選択したのです。十一月二十六日には、ハル米国務長官が、「中国・仏印からの無条件全面撤退、汪兆銘政権の否認、中国における諸権益の放棄」など、日本が決して受け入れられない要求ばかりを並べた覚書（ハル・ノート）を提示し、日本はこれを最後通牒と受け取った。そのことによって、日本の決意は何も変わりません。「帝国は米英蘭に対し開戦す」という十二月一日の御前会議決定も、形式的な手続きでした。ハワイ・真珠湾のアメリカ太平洋艦隊への日本軍の奇襲攻撃によって日米戦争が開始されるのは、それから一週間後。一九四一年十二月八日のことでした。

いくつかの問い、最後の問い

最後に、みなさんが疑問に思っているかもしれない、いくつかの問題にふれましょう。

まず最初に、なぜ日本は「緒戦に大勝すれば勝機はある」と思ったのでしょうか。これは、財政的に準備をしていたことが大きい。一九三七年（昭和十二年）七月に日中戦争が始まった直後、近衛内閣は「臨時軍事費」というものを特別会計で組み、膨大な軍事費をさしたる審議もなしに確保していた。そして、この軍事費で何を購入、生産していたかといえば、三割は当面の日中戦争遂行のために当てていた。では、残りの七割はどうしていたか。実は、陸軍は対ソ戦争の準備のために、海軍は対米戦争の準備のために、軍需品確保などに流用していた。要するに、日中戦争を遂行しつつ、来るべき太平洋戦争の準備をしていたわけです。それが三七年から太平洋戦争開始の四一年までの四年間に、積もり積もって二百五十六億円。現在の貨幣価値に換算すると、二十兆四千八百億円です。これだけ軍備につぎ込んで準備していれば、まだアメリカの準備が整わない緒戦に大勝すれば、そのまま戦争に勝てるかもしれないと考えても不思議ではありません。

では、その「緒戦に大勝をおさめるためには、どうしたらいいのか」。これへの答えは、「奇襲による短期決戦」です。もちろんその典型は真珠湾の奇襲攻撃ですね。港に停泊中の艦隊を、航空機による雷撃（魚雷投下攻撃）と水平爆撃で急襲するという、この攻撃作戦の発案者は山本五十六連合艦隊司令長官。山本長官は装甲巡洋艦「日進」の乗組員として日露戦争のとき、日本海海戦に参加して負傷しています。太平洋戦争開戦時の現役軍人としては、実際に日露戦争に参加した最後の世代でしょう。その日露戦争の旅順港攻防から真珠湾攻撃のヒントを得て、自ら「桶狭間とひよどり越と川中島とを合わせ」おこなう作戦と称したこの奇襲を敢行したわけです。もっとも、戦艦八隻の撃沈・撃破という大戦果に、山本長官も満足しましたが、アメリカはわずか半年ほどで立て直してきたわけですから、そのまま押し込んで戦争に勝つということにはいかなくなってしまった。せっかく手持ちの空母を六隻集中的に使用した奇襲作戦でしたので、そのまま同じような作戦構想を維持すればよかったのですが、大艦巨砲主義が残る海軍のなかでは、山本長官の奇抜な構想は維持できませんでした。真珠湾攻撃は、単発的な作戦で終わりました。

もう一つ、圧倒的に国力の差があるアメリカ相手に、なぜ日本は開戦に踏み切れたのでしょうか。これには、軍事力や技術ではなく、国民感情の面からお答えしましょう。前に、彼我の国力の差は上層部のみならず国民全体が認識していたとお話ししましたが、それは、政府が隠そうとしなかった、むしろ国力の差を克服するのが精神力なのだという点から強調していたからです。たとえば小学校などに、日米の国力差をわかりやすいグラフなどで説明している冊子を配り、こういう差を乗り越えるのが大和魂だなどと教えていたのです。国民をまとめるには、危機を煽るほうが近道だったのでしょうね。とすれば、絶対的な国力差を認識しながらも、開戦を積極的に支持する人々、層がかなり広汎《こうはん》にいたはずです。そうでなければ、国力の差をことさらに言い立てることはできなかったでしょうから。

ここで、魯迅《ろじん》の紹介で知られる中国文学者で思想家の竹内好《よしみ》と、作家・詩人の伊藤整《せい》が開戦直後に書いた文章を紹介しましょう。

歴史は作られた。世界は一夜にして変貌した。われらは目のあたりそれを見た。……十二月八日、宣戦の大詔が下った日、日本国民の決意は一つに燃えた。爽かな気持であった。……率直に云えば、われらは支那事変に対して、にわかに同じがたい感情があった。……わが日本は、東亜建設の美名に隠れて弱いものいじめをするのではないかと今の今まで疑ってきたのである。……大東亜戦争は見事に支那事変を完遂し、これを世界史上に復活せしめた。今や大東亜戦争を完遂するものこそ、われらである。

（竹内好「大東亜戦争と吾等の決意（宣言）」『中国文学』第八十号　一九四二年一月）

今日は人々みな喜色ありて明るい。昨日とはまるで違う。(十二月九日)
この戦争は明るい。……平均に幸福と不幸とを国民が分ちあっているという気持は、支那事変前よりも国内をたしかに明るくしている。そして大東亜戦直前の重っ苦しさもなくなっている。実にこの戦争はいい。明るい。(一九四二年二月十五日)
(伊藤整『太平洋戦争日記』)

日中戦争は気が進まない戦争だったけれども、太平洋戦争は強い英米を相手にしているのだから、弱いものいじめではない、爽かな気持ちだ、と竹内好は書き、太平洋戦争は日中戦争の時代と違って明るい、と伊藤整は書きます。「爽か」「明るい」というキーワードに、国民のこの戦争に対するイメージの一端が出ているように思われます。たしかに緒戦の三日間の戦果は、アジアを長らく支配してきたイギリスの戦艦を含む英米の戦艦十隻を撃沈させたのですから、国民が明るくなかったはずはありません。

しかし、その気持ちは果たして最後まで保たれたでしょうか。玉砕を知り、大空襲を知り、原爆を知った後でも、なおその気持ちは保たれたのでしょうか。そもそも「爽やかな戦争」「明るい戦争」などというものがあるのでしょうか。それが最後に残る問いです。

さて、今回は日米開戦までの経緯をお話ししました。それは日中戦争の拡大、長期化から導かれたということがおわかりいただけたでしょうか。次章では、それではなぜ日中戦争は拡大し、長期化してしまったのか、この問題について考えてみましょう。

第3章

日中戦争 長期化の誤算

1937年(昭和12年)

ターニングポイント③

1937	日中戦争始まる
	第二次上海事変
	中国、抗日民族統一戦線結成（第二次国共合作）
	上海占領
	南京占領
1938	近衛声明
	国家総動員法
1939	第二次世界大戦勃発
1940	南京国民政府の樹立
1941	太平洋戦争始まる（日米開戦）

長江《ちょうこう》をさかのぼって

上海、南京、武漢といえばだれでも知っている中国の大都市です。では、この三都市の共通点は何でしょうか？

答えは「長江」です。長江は中国第一の川。はるか西方チベット高原に源を発し、延々六千三百キロを流れ下って東シナ海に注ぐ、その名のとおり長大な大河です。日本では揚子江《ようすこう》の名のほうがなじみ深いかも知れませんが、これは本来、下流部の揚州・鎮江《ちんこう》あたりの部分的な名称で、全体を指すにはやはり長江の名のほうが適切です。上海、南京、武漢はどれも、この長江沿いの都市なのです。洋の東西を問わず、古来河川は交通の重要な動脈でした。その川べりに大きな町が建設されるのは、ごく自然なことでありました。

まず、長江の河口にあるのが「上海」。アヘン戦争（一八四〇〜四二年）で清が英国に敗れて開港して以降、イギリス・アメリカ・フランスなど欧米列強が特殊権益として租界《そかい》を設置して、アジアにおける経済活動の拠点とした国際都市です。

その上海から長江をさかのぼること約三百キロにあるのが「南京」。三世紀の呉以来、幾多の王朝が都を置いた古都です。アロー号事件後の北京条約（一八六〇年）で長江沿岸の他都市とともに開港。一九二〇〜四〇年代には中華民国の首都だった時期があります。

南京からさらに六百キロほど長江をさかのぼれば「武漢」です。もとは隣接する政治経済都市の武昌、工業都市の漢陽、商業都市の漢口の三つの市（三鎮）を、一九二〇年代に統合して武漢と総称するようになりましたが、しばしば「武漢三鎮」と呼ばれます。

この三市に、もう一つ加えましょう。武漢からさらに四百キロほど上流にある「宜昌《ぎしょう》」です。ここは他の三市ほど知られているわけではありませんが、ポイントはその位置で、河口から続いてきた広大な平野がここで終わります。上流は二

《日中戦争の広がり》

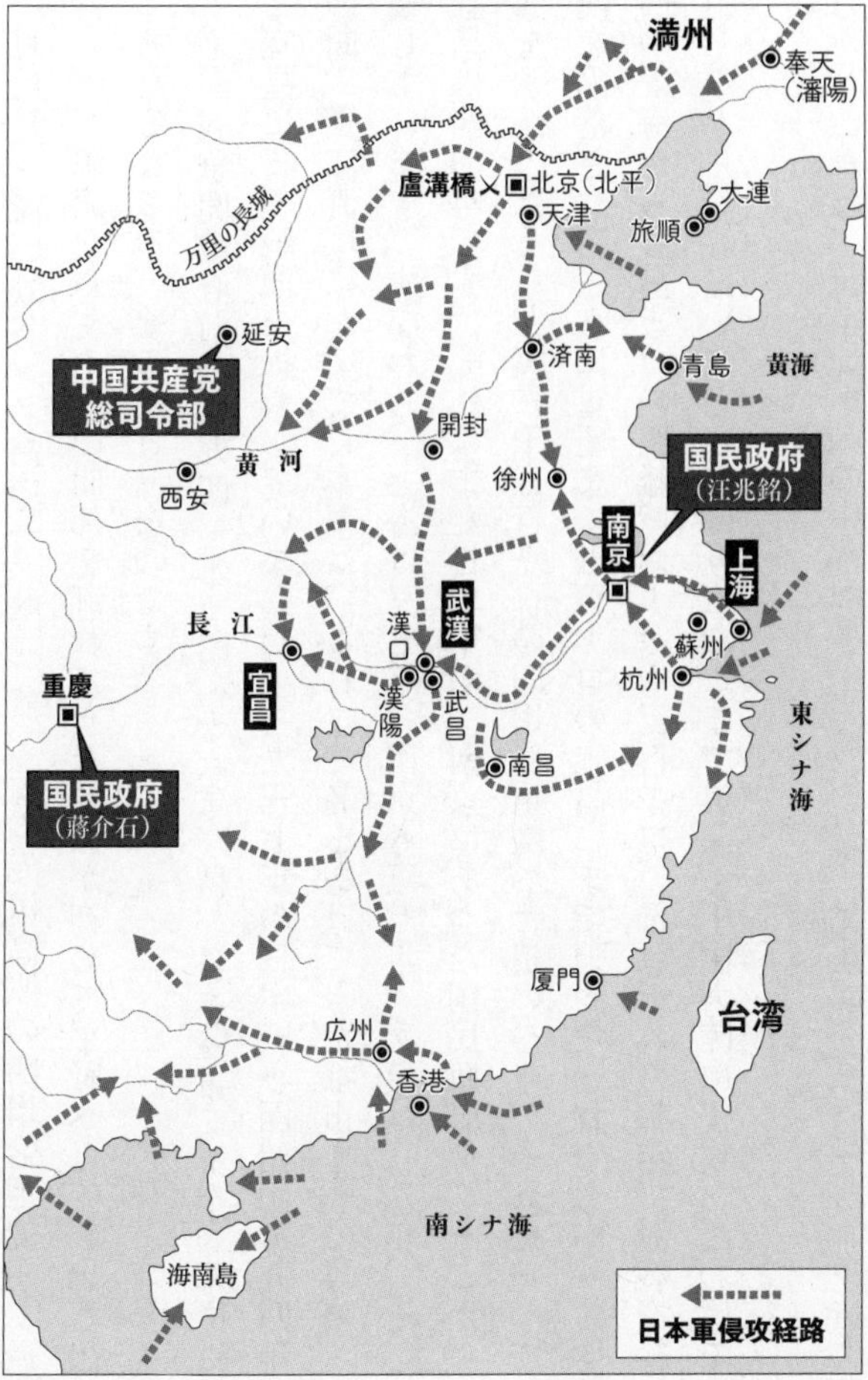

満州
奉天
（瀋陽）
万里の長城
盧溝橋
北京（北平）
天津
大連
旅順
延安
中国共産党
総司令部
済南
青島
黄海
開封
黄河
西安
徐州
国民政府
（汪兆銘）
南京
上海
武漢
長江
漢口
宜昌
漢陽
武昌
蘇州
杭州
重慶
南昌
東シナ海
国民政府
（蔣介石）
厦門
台湾
広州
香港
南シナ海
海南島
日本軍侵攻経路

百キロに及ぶ深い峡谷（名高い「三峡」）で、その先は高原の四川盆地です。逆に言えば、源流からずっと山間部を流れてきた長江が初めて平野へと流れ出る出口にあたるところ、そこが宜昌なのです。

太平洋戦争開戦直前の一九四一年（昭和十六年）秋、日本陸軍（第十一軍）はここ宜昌にまで戦面を拡大していました。一九三七年の日中戦争開始から丸四年。この間、長江流域において日本軍は、これまで名をあげてきた都市を順に攻略・占領しています。すなわち、上海は三七年、南京も三七年、武漢は三八年、そして宜昌は四〇年です。それはまた日本軍が、南京にあった国民政府を、そこから長江をさかのぼること実に千五百キロの四川省重慶へと追いやり、それを追って武漢を陥落させ、さらに重慶まで五百キロの宜昌にまで迫った過程でもあります。河口の上海から宜昌までの距離、およそ千三百キロ。それぞれの都市で激戦を繰り返しながら長江沿いにさかのぼり、ここまで奥深く中国大陸に侵攻したわけです。

しかしこれは、華中（中国の中部地域。当時の日本は中支あるいは中支那と呼んでいました）での戦いにすぎません。これと並行して、河北省・山西省・山東省などの華北（同じく北支・北支那）でも、また広東省などの華南（同じく南支・南支那）でも、大規模な戦闘・占領がおこなわれていたのです。日本がこの戦争に動員した兵士は、三七年の開始時で九十七万人、四〇年には百五十万人に達したとされています。百万をこえる軍勢による他国への広範な侵攻と広大な区域の占領。これはまさに戦争、それも大きな戦争です。ただ注意すべきは、華北と華中の上海・南京などの長江下流域などへの軍隊の展開は、国民政府中央軍との戦闘というよりは、資源の獲得を保障するための駐留、租界警備などのための駐留という側面もあったことです。

ところが、不思議なことに、これは戦争ではありませんでした。少なくとも当事国は戦争とは呼ばなかった。そしてずっと呼ばないまま、実態として戦争を継続したのです。これが名実ともに戦争となったのは、四一年十二月九日、つまり太平洋戦争開始の翌日に、中国が日本・ドイツ・イタリアに宣戦布告して以降のことでした。つまり中国が連合国の一員となって日中戦争が第二次世界大戦に組み込まれたときからであり、日本側からいえば、対米英戦争・支那事変を含めて大東亜戦争と呼ぶことを決定(十二月十二日)したときからです。したがって日本と中国は、三七年の開戦から、四五年に日本が連合軍に降伏するまで、八年間にわたって戦い続けたわけです。

前章では、日中戦争が長期化・泥沼化し、そこから日本が南進政策をとったことでアメリカとの対立が深まり、それが日米開戦へといたった過程を見ました。では、日中戦争はなぜかくも拡大し、また日本の当初の見込みに反して四年もの長きにわたって続けられ、泥沼化してしまったのか。なぜ、四年にもわたって戦争ならざる戦争が続けられたのか。これらについて、今回は検討してみたいと思います。

自衛と膺懲《ようちょう》

一九三七年（昭和十二年）七月七日午後十一時、北京（当時は北平）郊外を流れる永定河《えいていが》にかかる盧溝橋付近で響いた十数発の銃声――これをきっかけにその後八年にわたって戦われる日中間の戦争が始まることになりました。

当時、橋のたもとには宋哲元《そうてつげん》率いる中国第二十九軍の駐屯地があり、一方、そのすぐそばの河原では日本の支那駐屯軍歩兵第一連隊の中隊が夜間演習をしていました。宋哲元軍は、三五年六月の土肥原《どいはら》・秦徳純《しんとくじゅん》協定の結果、チャハル（察哈爾）省から追われた軍に他なりませんので、抗日意識の高い将兵もいました。また日本側の支那駐屯軍の側にも、二・二六事件の結果、異動となった指揮官もおりました。十数発をどちらが発砲したのかは、このような偶発的事件の場合の常として、諸説があります。日本軍は、銃声後にたまたま兵の一人が行方不明になった（その後、何事もなく帰隊）ため、戦闘態勢を整えたところ、さらに発砲があったので中国軍を攻撃したと主張し、中国軍は日本軍が一方的に攻撃をしかけてきたのだと主張します。ともあれ、こうして両軍による銃撃戦になった。ただ、三六年五月の時点で、日本側が支那駐屯軍の人数を約三倍に増強していたことは知っておいてよいと思います。

しかし、当初この事件はあくまで局地的なものでした。よって、報告を受けた近衛文麿内閣は不拡大・早期解決の方針をとり、現地での協定で事をおさめるつもりだった。また陸軍としても、作戦担当の参謀本部第一部長・石原莞爾《かんじ》少将などは、満州国建設優先・対ソ連戦略重視の立場から、日中の大規模な軍事衝突は回避すべきであると、不拡大論を唱えていたのです。ところがその後、陸軍省内の拡大派による突き上げや中国中央軍が北上したとの情報などから、十一日午後、政府は派兵を閣議決定、夕刻には「北支派兵に関する政府声明」を発表してしまいます。

その声明の直後、つまり十一日の夜に現地では、盧溝橋付近からの中国軍の撤退、中国側による遺憾の意の表明、責任者の処罰、抗日団体の取締りなど、日本側が出した条件にほぼ沿う形で停戦協定が調印されますが、停戦したにもかかわらず、支那駐屯軍は七月末までに、北京では中国の守備軍を駆逐して占領し、次いで天津も攻略・占領しています。

こうして俄然、戦争の機運が高まるなかで、火種が華中に飛び火します。「上海事変」（第二次）の勃発です。八月九日、上海で情報収集中の海軍特別陸戦隊員二名が中国の保安隊に射殺される事件が起こると、日本はただちに陸戦隊五千人・艦艇三十隻を集結させ、これに対し中国もまた南京方面に駐屯している軍隊を上海に急行させる。そして対峙する間もなく、十三日、中国空軍が爆撃を始めました。

八月十四日、南京の中国国民政府主席・蔣介石は、「中国はいかなる領土も放棄しない。侵略に対しては天賦の自衛権を行使するのみ」との「自衛抗戦声明書」を発表。これに対し近衛文麿内閣は翌八月十五日、「支那軍の暴戻《ぼうれい》を膺懲《ようちょう》し以て南京政府の反省を促す為今や断固たる措置をとる」との政府声明を発表、次いで十七日には「不拡大方針の抛棄《ほうき》」を決定し、さらに九月二日には、北支事変の名称を「支那事変」へ改称することを決めています。不拡大方針の放棄（＝拡大方針への転換）、北支という地域限定の名称から全中国を対象とする名称への変更は、もちろん中国との全面対決を意味します。日中戦争の開始です。

奇妙な戦争

こうして日中戦争は開始されました。ただ、「日中戦争」とは、現在から歴史をふりかえって、「日本と中国の間の戦争」という意味で使われている呼称で、当時の日本でそう呼ばれていたのではありません。そもそも当時は、「中国」という呼び名は一般的ではなく、「支那」と呼んでいました。それで、当時の呼称は「支那事変」。支那で起きた事変、なのです。

では事変とは何か。国際法上の戦争、すなわち当事国が戦争状態に入ることを宣言（宣戦布告）しておこなわれる戦争、ではない紛争・衝突の事態です。つまり、いま日中戦争と呼んでいるものは、当時は戦争ではなかった。日本・中国とも、戦争であることを望まなかったのです。それはなぜか。最大の要因はアメリカの存在、正確にはアメリカの「中立法」（一九三五年制定、三七年改定）の存在です。宣戦布告をして国際法による戦争状態に入ると、アメリカは中立法を発動する。それは困る、と日本も中国も考えたのです。

中立といっても、アメリカの場合は、スイスのような「いかなる場合にも他国間の戦争の圏外に立つ」という絶対的な中立とは違います。アメリカの中立法は、アメリカの国民が戦争に巻き込まれないようにするためには、すなわちアメリカに伝統の孤立主義を保障するためには、こんな方法をとるという、積極的で政治的な意味をもつ法律です。その主な内容は、戦争状態にあると認められた国に対してアメリカは、①兵器・軍用機材の輸出禁止、②一般の物資・原材料の輸出制限、③金融上の取引制限などの措置をとる、というもの。要するに、諸国に対して、戦争を始めたら兵器は売らないし、物資も売らない、金融取引もしない、との経済制裁の構えをあらかじめとることによって、戦争勃発を抑止するという政治的効果をねらっているのです。巨大な物資と資金力をもつアメリカならではの法律というべきでしょうね。そして、この法律で諸国ににらみをきかせることによって、アメリカ国民の安全をも保障しようというのが、この中立法の発想です。

中立法による措置のうち、中国が恐れたのは主として①と②、つまり兵器・物資の禁輸や制限です。弾薬や軍事機材を外国に依存しているうえ、自前の戦艦や外貨も少ない中国にとっては、アメリカ市場から物資を輸入できない事態は致命的なダメージでした。また、当時は飛行機の操縦士を訓練する教官もアメリカに頼るなど、広い意味での軍事援助も受けていたのですが、もちろんこれもできなくなる。だから、中立法の適用は何としても避けたいのです。事実、中国政府は盧溝橋事件の直後、戦争の拡大を防ぐため中立法の適用を検討しているアメリカに対し、適用を思いとどまるよう要請しています。もちろん、不適用には現在の事態が戦争ではないことが前提となります。

　一方、日本がまず恐れたのは③の金融取引制限でした。この金融取引制限とは、交戦国の公債、有価証券、その他の債権証書の売買・交換をせず、また交戦国に資金・信用を与えない、という措置です。それまでニューヨーク金融市場での金融取引・決済に少なからず依存してきた日本にとって、これは痛打です。加えて、②の物資についても、大部分をアメリカに依存してきた石油などが輸入できなくなってしまう。要するに、アメリカとの経済的絆が断たれてしまうわけです。だから、日本としても中立法の適用はどうしても避けたかった。そこで一九三七年（昭和十二年）十一月、陸軍省・海軍省・外務省三省の合意により、宣戦布告しないことが決められたのでした。無論、不戦条約（一九二八年締結）に違反することの問題なども考慮されたけれども、決定的な要因はアメリカの中立法にあったのです。そして、この経過から見えてくるのは、どうしようもなく大きなアメリカの影です。前章でみたように、一九二三年（大正十二年）の帝国国防方針（第二次改定）以来、日本にとってアメリカは第一の想定敵国ではありましたが、そのアメリカなしには国際的にも経済的にもやっていけないというのも、当時の日本が抱えていた現実だったのです。

このような背景があり、日本も中国も、宣戦布告はせず、戦争とはみなさない方法をともに選んだ。それが共通のメリットだったのです。またアメリカにとっても、日中の関係にアメリカ国民が巻き込まれないですむというメリットがあった。そういう三者の暗黙の了解のもとに、日中戦争は展開したわけです。それにしてもこの戦争は、国際法上は戦争ではなく、軍事上は戦争以外の何物でもない、奇妙な戦争でした。

中国、屈服せず

日中戦争の緒戦となった上海での戦闘は、一九三七年（昭和十二年）八月半ばから約三か月続きました。この間、日本軍は海軍の上海陸戦隊の危機を救うべく、二個師団からなる上海派遣軍を派遣し、また九月にはさらに六個師団を投入するなど計二十万の兵力で、中国側約七十万人が防衛する地域に侵攻しました。そして、当初は、航空戦で虚を突かれ、また陣地戦に苦しんだ日本軍は、次第に中国軍をじりじりと押し返し、十一月、中国軍が撤退して上海は陥落します。この戦闘における日本軍死傷者は約四万人、中国軍死傷者は十九万とも三十三万人ともいわれます。しかし、この戦いは激戦でした。

追撃態勢に入った日本軍は、三方から国民政府の首都・南京に迫り（もっとも、戦闘の直前、政府は重慶に遷都していましたが）、十二月初めには二十万の軍勢で市を包囲、総攻撃をかけます。日本軍の一部が城内に突入したところで、南京守備隊十五万人は南京を放棄して混乱のうちに退去。十三日、日本は南京に入城します。その後の掃討戦で日本軍は、「南京事件」を引き起こしています。もっとも、この事実を当時の日本国民は知らされていませんでした。国民は、突然始まった戦争が、首都南京の陥落で終わるのではないかとの期待で戦闘終結を待っていたのです。兵士もまた南京が陥落すれば、戦争は終わり帰郷できると思っていました。その望みが断たれたことの絶望感は、後の日本軍の士気低下に深く響いてきます。

太平洋戦争開戦のときもそうですが、日本軍は元来、速戦即決・短期決戦を旨としてきました。陸軍の場合、比較的少数の現役兵を中心とした精鋭部隊で相手国中央軍の撃滅を図ることで戦争を終わらせよう、また、海軍の場合は一回の艦隊決戦で趨勢《すうせい》を決めようと考えていました。資源と人口の点で劣る国の特徴といえるでしょう。上海から南京までを一気に陥落させれば、蔣介石は降伏するにちがいないと、政府や軍のみならず、国民もそう思っていました。侍従・小倉庫次《くらじ》が遺した日記によれば、四〇年十月十二日、天皇は「支那が案外に強く、事変の見透しは皆があやまり、特に専門の陸軍すら観測を誤れり。それが今日、各方面に響いて来て居る」と語っていました。天皇は悔やんでいたのです。開戦から四か月で南京を陥落させたとき、メディアがこれを大々的に報じ、全国で提灯《ちょうちん》行列や祝賀行事がおこなわれて、戦勝ムードに日本中が沸き返ったのは、だれもが、これで戦争に勝った、戦争は終わったと思っていたからです。しかし、中国は屈服しませんでした。蔣介石は、屈服せず、奥地へ後退しながら戦線を広げていきました。日中戦争の長期化は、短期決戦で押したい日本と、アメリカとソ連の介入までどうにか戦線を維持し、アメリカの海軍力とソ連の陸軍力によって日本の軍事力の撃破を図りたい中国との、対照的な戦略ゆえに起こったことでした。

中国軍の戦備の具合や士気の高さを日本側は十分に知らないままに開戦しました。たしかに結果だけを見れば、上海も南京も日本の勝利に終わりました。しかし、上海攻略に三か月もかかったのは日本軍にとって大誤算で、日本軍は口ほどに強くはないとの印象を世界に与えてしまいました。天皇も残念に思っていました。「四二年十二月十一日、小倉侍従に向かい「支那事変で、上海で引かかったときは心配した。停戦協定地域に『トーチカ』が出来てるのを、陸軍は知らなかった。引かかったので、自分は兵力を増強することを云った」。上海戦は日本側にとって高くついた戦いでした。

前線を視察した参謀本部員の西村敏雄少佐の報告によれば、「敵の抵抗は全く頑強」であり、かつて日露戦争に従軍経験のある砲兵出身の将官、第百一師団長・伊東政喜中将の日記によれば、「敵の頑強振りは日露戦の［ロシア軍の］旅順におけるものと大差なし。むしろ一部の点は［ロシア軍より］以上のごとく、いかに砲撃するも全滅するまで固守する風あり」という具合だったのです。上海戦の最中の九月には、華北の山西省平型関《へいけいかん》の戦闘で日本兵千人を殲滅、翌十月の忻口《きんこう》の戦闘では日本兵二万人を殲滅して、中国軍が勝利した事実もつけ加えておきましょう。

精神と物質

では、なぜ中国軍がこれほどに頑強であったのか。その理由は二つあります。

まず一つは、「抗日意識の強さ」です。具体的には、中央政権の国民政府（主席・蔣介石）と中国共産党（政治局常務委員・毛沢東ほか）が、「抗日」で一致し、ともに戦おうと手を結んだことが、その原動力となりました。

蔣介石は本来、反共主義者で、孫文《そんぶん》（国民党創設者）の時代には可能であった共産党との提携（第一次国共合作）を反共クーデターでひっくり返して以後、九年間（一九二七～三六年）、共産党との戦いを続け、日中戦争の直前は、ほとんど共産党を圧倒する段階まで来ていました。蔣介石にとっては、共産党を打倒し、国家統一を果たすことが第一の目標でした。蔣介石にとって国家統一が一番の希望であったことは確実でした。この点で日本による満州国の創出、華北分離は、華中の豊かな経済地帯と、満州・華北の経済を分離させることになりましたので、蔣介石としては日本の方策が自らの国家統一の阻害要因にほかならないと考えるようになっていました。

日本の華北分離工作は、中国民衆の抗日意識をも高めました。中国国民から見れば、国民政府の対日政策は甘すぎるように見えました。このような国民の反発をすくいあげたのが共産党で、一九三五年（昭和十年）には抗日民族統一戦線の形成を広く呼びかけています。このような情勢のなかで、三六年十二月、共産軍討伐戦の督戦に訪れた陝西省西安《せんせい》（かつての長安）で蔣介石は、共産党の呼びかけに同調する配下の張学良《ちょうがくりょう》（関東軍に爆殺された奉天軍閥・張作霖《さくりん》の子）に拘束され、「内戦停止・一致抗日」を認めさせられます。西安事件です。蔣介石自身は、共産党との提携を屈辱と感じたはずでしたが、蔣を支持するアメリカやソ連の意向は、国民政府と共産党による抗日統一戦線の結成を評価する立場でしたので、大勢は合作へと決していきました。

中国軍が強かったことのもう一つの理由は、蔣介石の主導で、ドイツをはじめとする国からの軍需品の購入、顧問団の活躍がありました。また、共産党軍については、二〇年代に起源をもつソ連からの資金や軍事顧問団の援助がありました。明治時代に日本陸軍が兵制のモデルをドイツに求めたのをはじめ、日独防共協定（三六年）・日独伊三国同盟（四〇年）の締結などを通じて、ドイツは非常に日本と近い国とのイメージが強いと思いますが、三八年五月に満州国を承認して明確に日本と手を組むまでは、実はドイツは中国に対する最大の兵器・武器供給国であり、また軍事的な援助もおこなっていた国なのです。第一次世界大戦での敗戦以降、ドイツと中国は平等な経済協約を結んでおりましたし、巨額の賠償金不足に悩むドイツにとって、中国は常にドイツ製品を購入してくれる気前のよい顧客でした。また、蔣介石の妻の宋美齢《そうびれい》は、アメリカ人のシェンノートを空軍飛行士の訓練のため招聘《しょうへい》していました。蔣介石は、これらの顧問団のアドバイスも活かし、上海周辺の頑強な陣地を時間をかけて構築していました。蔣介石は準備を整えていたのです。

「国民政府を対手《あいて》とせず」の目線

では、これに対して日本の政府・軍部はこの戦争をどのようにとらえていたのか。この時期の記録を追ってゆくと、そこには、共通するある態度が明らかに見てとれます。戦争と認めない態度です。

たとえば、当時の近衛首相のブレインのひとりは、この戦争について「一種の討匪戦《とうひせん》」と書いています。匪賊《ひぞく》を討つ戦い、の意味です。匪賊とは、不法行為を働く悪人の集団や、略奪・殺人をほしいままにする賊徒などを指していう言葉。これを中国軍に対して使っています。敵国の軍隊をこのように批評する精神が生じていました。

また、徐州《じょしゅう》戦や武漢戦（ともに一九三八年）を戦った中支那派遣軍の司令部が残した文書には、このような表現があります。

今次事件は戦争に非ずして報償なり。報償の為の軍事行動は国際慣例の認むる所。

日中戦争前の時期、中国では国民政府の指導のもとに日本製品のボイコットがおこなわれていました。当時の常識では、ある国が他のある国のものをボイコットするのは国際法違反にあたるとされていました。その違反を中国が犯したのだから、それによって日本がこうむった経済的な不利益は武力によってとりもどしてもいいではないか、とこの文書はいうのです。そのような意味で、報償（損害の償い、仕返し、報復）という語が使われている。

経済的にこうむった不利益に対して武力で仕返しをするのは穏当ではない、と当然思われるでしょう。でもこれを「相手が悪いことをしたのだから、武力攻撃をしてもいいのだ」と言い換えれば、この発想は現代にもしっかりと生き残っています。九・一一の後にアメリカがアフガニスタンやイラクでおこなったことが、まさにこれだといえば、おわかりいただけるでしょう。一九三八年（昭和十三年）の日本と二〇〇一年（平成十三年）のアメリカは、ほぼ同じ感覚で目前の戦争を認識していた。奇妙な、そしてある意味で恐ろしい一致であるというべきでしょう。

もう一つ、日中開戦から五か月後の三八年一月十六日に発表された政府声明

（第一次近衛声明）を取り上げましょう。これは直接には、前年の十一月来、ドイツ（駐華大使トラウトマン）を介して続けられてきた和平交渉を背景とするものです。南京陥落後、動揺した蔣介石は、いったんは和平交渉に応じる姿勢を見せました。しかし、そこで日本側の示した条件は、満州国の正式承認、華北・内蒙・華中に非武装地帯設定、賠償金の支払いなど、すでにこちらが戦勝国だといわんばかりの一方的なものでした。蔣介石がのむはずがありません。しかし、南京を落として意気上がる政府内では、条件をいろいろ出して、これで講和しようなどという態度は、「連戦連勝の国」の側が示す態度ではない、などという意見も強く、結局、日本の側から交渉を打ち切ってしまいます。そして発表されたのが、この声明。

帝国政府は爾後《じご》国民政府を対手《あいて》とせず。

この文言について、二日後には、さらに駄目押しの補足的説明を発表しています。

爾後国民政府を対手とせずと云ふは同政府の否認よりも強いものである。……国民政府を否認すると共に之を抹殺せんとするのである。

国民政府などもはや相手にしない、否認どころか抹殺するのだ――一国の政府が出す声明としては、あまりの口調というほかはありません。一月十六日の声明が出されるまでは、蔣介石自身も、軍事的な指導者たちも、ドイツのトラウトマン駐華大使を通じた講和提案について、真剣に検討していたことが、この時期の蔣介石日記などからもわかっています。交渉は近衛内閣がいま少し妥協的であれば、成立していたかも知れません。事実、陸軍の参謀本部や海軍の軍令部などの統帥部は、むしろ、講和をおこなうべきだとの考えでいたのです。

ところで、国民政府を相手としないなら、何を相手にするのか。声明はつづけて「帝国と真に提携するに足る新興支那政権」と言っています。これは要するに、開戦後に占領地に組織してきた傀儡《かいらい》政権、すなわち内蒙古の蒙疆《もうきょう》連合委員会（蒙疆政権）・北京の中華民国臨時政府などのこと。これらをいずれは統一して、新たな中央政権を樹立させようというのです。しかし古来、傀儡政権が国民の信望を集めたためしはありません。事実、この構想もまったく実現することなく終わることになります。

なかでいちばん可能性があったのは、上記の政権を糾合《きゅうごう》して、国民政府が重慶へ移って空になった南京に一九四〇年に樹立した「国民政府」です。これは、国民党の指導者の一人だった汪兆銘が、蔣介石と袂《たもと》を分かって首相に就任したため、汪兆銘政権（または南京国民政府）と呼ばれます。汪兆銘は、中国は決定的に日本と争ってはならない、そうなれば国民党は敗北し、中国共産党の天下になってしまうという、その後の中国の歴史を正確に見通す先見性をもち、日本との妥協の道を模索した優秀な政治家でした。しかし彼は、蔣介石のもつ軍事的な指導力も、毛沢東のもつ民心を掌握して先導する力ももたず、蔣・毛に備わるカリスマ性もなかった。だから政権を押し上げることはできなかったのです。

ともあれ、三八年一月の政府声明で日本は、現に戦っている相手を否定し、外交による講和の可能性を自ら閉ざしました。残るのは、ひたすら中国側の屈服を、軍事的作戦で強いるしかありません。徐州作戦、武漢作戦、広東作戦が展開されてゆくゆえんです。

迷走する論理と大義

こうして日中戦争は長期化しますが、それにつれて政府は一つのジレンマを抱え込むことになりました。ほかでもない宣戦布告、いえ宣戦不布告から発した問題です。

前述したように、宣戦布告しないことの最大の理由はアメリカとの経済的関係を維持するためでした。だから、宣戦布告しないことで、日本・中国とも実態としての戦争を始めることができたわけです。しかし、ということは、中国がもともとの戦略思想である持久戦を耐え抜く物資・資金を得るということも意味している。つまり、これが国際法上の戦争であれば、日本は、中立法適用により資金・物資調達の道の閉ざされた中国を短期決戦で打ち破って勝利することが可能だけれども、宣戦布告しないと、資金・物資を補給できる中国に持久戦に持ち込まれてしまう可能性が生じるということです。そして事実、一九三八年（昭和十三年）以降は、広大な国土に戦線を広げた中国との持久戦に入ってしまいました。こうなっては、おいそれと決定的な勝利をあげるわけにはいかないのです。

また、宣戦布告しない場合は、当然のことながら、宣戦布告した戦争なら交戦国に認められる行為が、認められません。たとえば、宣戦布告していると、国際法によって海上封鎖が認められる。すなわち、中立国船舶の臨検などで載貨を押収することによって、中国への援助物資や中国が購入した軍需品を差し押さえることができるのです。これによって、抗戦力を効果的に削《そ》ぐことができるはずでした。しかし、それができない。

また、宣戦布告をしていれば、戦争終結後に賠償金や土地の割譲が請求できるけれども、それも獲得しえない。ふりかえってみれば、日本という国はとにかく戦争でお金も物も得てきた国です。日清戦争では賠償金のほか台湾などを得たし、日露戦争では中国関東州での鉄道の利権や南樺太《からふと》を得た。また第一次世界大戦では、マリアナ諸島・カロリン諸島などの南洋群島を委任統治領として得ています。それが、今回はまったく望めないのです。

こうして、宣戦不布告から始まった奇妙な戦争は、袋小路に入り込んでしまいました。戦争開始から一年たったころには、大陸で戦っている兵士たちも、銃後の国民も、ともに疲れて、この戦争に疑問をもち始めていました。戦争が持久戦になって、どこで何が起きているのかよくわからない。いったい、この戦争は何のためにやっているのか、戦争の大義は何なのか、何が得られるのか、と。政府は何とか説明しなければなりません。

と、こういうような言わば事態の後追いの形で政府が発表したのが、三八年十一月三日の「東亜新秩序」声明（第二次近衛声明）でした。この声明は、英米などの資本主義でもなく、ソ連などの共産主義でもない、これらとは違ったやり方で、日本（及びその支配下にある朝鮮・台湾）、満州国、中国が連携して東アジア（東亜）のなかで、国際的な正義を確立し、防共を達成し、経済的に豊かになっていこう、それが東亜における新しい秩序なのだ、との主張を明らかにしたものです。そして、現在の戦争を、こう位置づけます。

帝国の冀求《ききゅう》する所は、東亜永遠の安定を確保すべき新秩序の建設に在り。今次征戦究極の目的も亦此《またこ》に存す。

東亜新秩序を建設するための戦争――これが、この戦争の大義だというのです。十か月前の「爾後国民政府を対手とせず」と大分トーンが違うのは、もちろんこの間の短期決戦から長期化へという戦局の変化が背景にあります。新秩序を形成して広い地域をもてば生産性も上がる、というような角度から、この声明を積極的に位置づけようとする人もいるけれども、やはりこれは、国民に日本はよいことをしているのだということを納得させるための「後追いの論理」です。あるいは、近衛首相のブレインの蠟山《ろうやま》政道ら知識人によって考え出された、「自己説得の論理」だったと思います。

戦争をするには軍備も必要だけれど、戦争をするのが国民である以上、何より必要なのは論理であり大義です。政府が、態度を二転三転させた末に、開戦から一年以上もたって、ようやくこの程度の論理しか出すことができなかったところに、そして、その論理がこの戦争に何らの展望も与えず、もちろん解決策ともなりえなかったところに、この戦争の悲劇があったように私は思います。中国との戦争は、この先七年近くも続くのです。

暗澹《あんたん》たる覚悟

なぜ、こんなことになってしまったのでしょうか。日本が中国と真摯《しんし》に向き合っていなかったことが最大の原因だと私は考えています。日本政府は、そして日本は、中国と世界について深く、慎重に考えをめぐらせることもなく、また十分に準備をすることもなく、ただ威丈高《いたけだか》な上からの目線だけで戦争に突入してしまった。だから最後の最後まで、解決の糸口すらつかめないまま戦争を続けざるをえなかったのです。

最後に、ここまで見てきた日本の戦争の論理や大義とは対極にある、犀利《さいり》で、しかも覚悟に満ちた論をご紹介しましょう。論者の名は、胡適《こてき》。一八九一年生まれの中国人です。アメリカに留学してプラグマティズム哲学を学び、論文「文学改良芻議《すうぎ》」を著して白話《はくわ》文学を提唱し、北京大学で社会思想を講じ、蔣介石のもとで一九三八年（昭和十三年）に駐米大使となった、当代最高の西欧的知性を身につけた知識人でした。

紹介するのは、一九三五年、つまり日中戦争開始の二年前に書いた「世界化する戦争と中国の「国際的解決」戦略」。特に刺激的な題ではありません。しかし、内容は恐ろしい。

この書簡で胡適は、中国は豊かな軍事力をもつ日本を自力では倒せない、日本の軍事力に勝てるのはアメリカの海軍力とソ連の陸軍力の二つしかない、だからこの二国を巻き込まない限り中国は日本に勝てない、と指摘します。では、アメリカとソ連を中国・日本の問題に巻き込むにはどうしたらいいか。「中国が日本との戦争をまずは正面から引き受けて、二、三年間、負け続けることだ」と胡適は言い放ちます。それも、むしろ中国が先に戦争を起こすくらいの覚悟をしなければならない、そして、中国沿岸の港湾、長江下流域、諸省がすべて占領される状態におかれても、なおわれわれが苦戦を堅持して初めて、アメリカとソ連は動き出すだろう、と。これを「暗澹《あんたん》たる覚悟」と私は呼んでいます。
最後に、書簡の末尾を引用しておきます。

以上のような状況に至ってからはじめて太平洋での世界戦争の実現を促進できる。したがって我々は、三、四年の間は他国参戦なしの単独の苦戦を覚悟しなければならない。日本の武士は切腹を自殺の方法とするが、その実行には介錯《かいしやく》人が必要である。今日、日本は全民族切腹の道を歩いている。上記の戦略は「日本切腹、中国介錯」という八文字にまとめられよう。
(「世界化する戦争と中国の「国際的解決」戦略」[鹿錫俊]、石田憲編『膨張する帝国　拡散する帝国』所収[東京大学出版会])

胡適の考えは正しかった。日中戦争は開始から四年後、たしかに世界大戦の一部へと発展したからです。この胡適の考えにならって、日中戦争を見直すと、こうなるでしょうか。中国は早い段階から、日中の戦いを持久戦にもち込み、いずれは世界大戦に発展させようと目論んでいた。一方の日本は、短期決戦で決着できると思い込んだうえに、中国の強い抗日意識と軍事力に対する見通しを誤り、国際情勢も読み違えた。そこから、日中戦争は際限もなく拡大し、長期化してしまったのだ、と。

さて、ではなぜ、日本は中国と戦争をするまでに関係を悪化させてしまったのでしょうか。そこには、日本の大陸進出への野望がありました。その象徴が満州です。そこで次回は、満州をめぐって日本と中国が対立を深めてゆく過程を見ることにしましょう。

第4章

満州事変　暴走の原点

1933年（昭和8年）

1928｜昭和天皇の即位大礼

1929｜世界恐慌

1931｜三月事件

満州事変始まる

1932｜満州国建国宣言

五・一五事件

ターニングポイント④ ▶ 1933｜熱河侵攻

国際連盟脱退通告

1936｜二・二六事件

1937｜日中戦争始まる

「起こった」と「起こされた」

一九三一年（昭和六年）九月十八日午後十時二十分、中国東北部（満州）遼寧《りようねい》省の省都奉天《ほうてん》（瀋陽）郊外の柳条湖《りゆうじようこ》において、南満州鉄道の線路が何者かによって爆破された。関東軍は、これを中国軍（張学良率いる東北辺防軍）によるものとし、自衛のためとして、柳条湖の北方八百メートルの地点にある学良軍の駐屯地・北大営《ほくだいえい》を攻撃、次いで奉天市街への砲撃も開始した。翌日には、北大営・奉天はもとより、新京《ちようしゆん》（長春）・遼陽《りようよう》・撫順《ぶじゆん》など、南満州鉄道沿線および近傍の主要都市のほとんどを占領した——。

満州事変勃発の状況を書きますと、以上のようになるでしょうか。ただ、上記の記述のある一つの部分に間違いがあります。すぐに変だなと気づかれた方もいるかもしれませんね。どの部分かは後で述べることにして、その前に、満州、南満州鉄道、関東軍、東北辺防軍という言葉について説明しておきましょう。

まず「満州」です。これはもともとは、中国を征服して清王朝を建てたジュシエン（女真）族の国名（マンジュ国＝十六世紀末、清の太祖ヌルハチが最初に建国した部族国家。マンジュとは梵語のマンジュシリ、すなわち文殊菩薩に由来する名称）であり、民族名（マンジュ族＝十七世紀、清朝第二代太宗が「隷民」の意のあるジュシェンから民族名を変更）でした。その後、マンジュの音に漢字の「満洲」が当て字され（現在は慣用的に「満州」と表記）、十九世紀にヨーロッパ人・日本人が地域名として使い始めたのです。その範囲は、清末・中華民国の行政区画でいえば、東三省（遼寧省［奉天省］・吉林《きつりん》省・黒龍江《こくりゅうこう》省）の地域に該当する。一方、東三省は、中国全体の東北部にあたるところから、「東北」とも呼ばれます。つまり満州＝東三省＝東北で、これらは相互によく言い換えられます。

次に「南満州鉄道」。これは、ロシアが清国との間に協約を結んで敷設《ふせつ》権を獲得し、建設・運営していた東清《とうしん》鉄道の支線（南支線、一九〇三年開通）でした。

《満州事変》

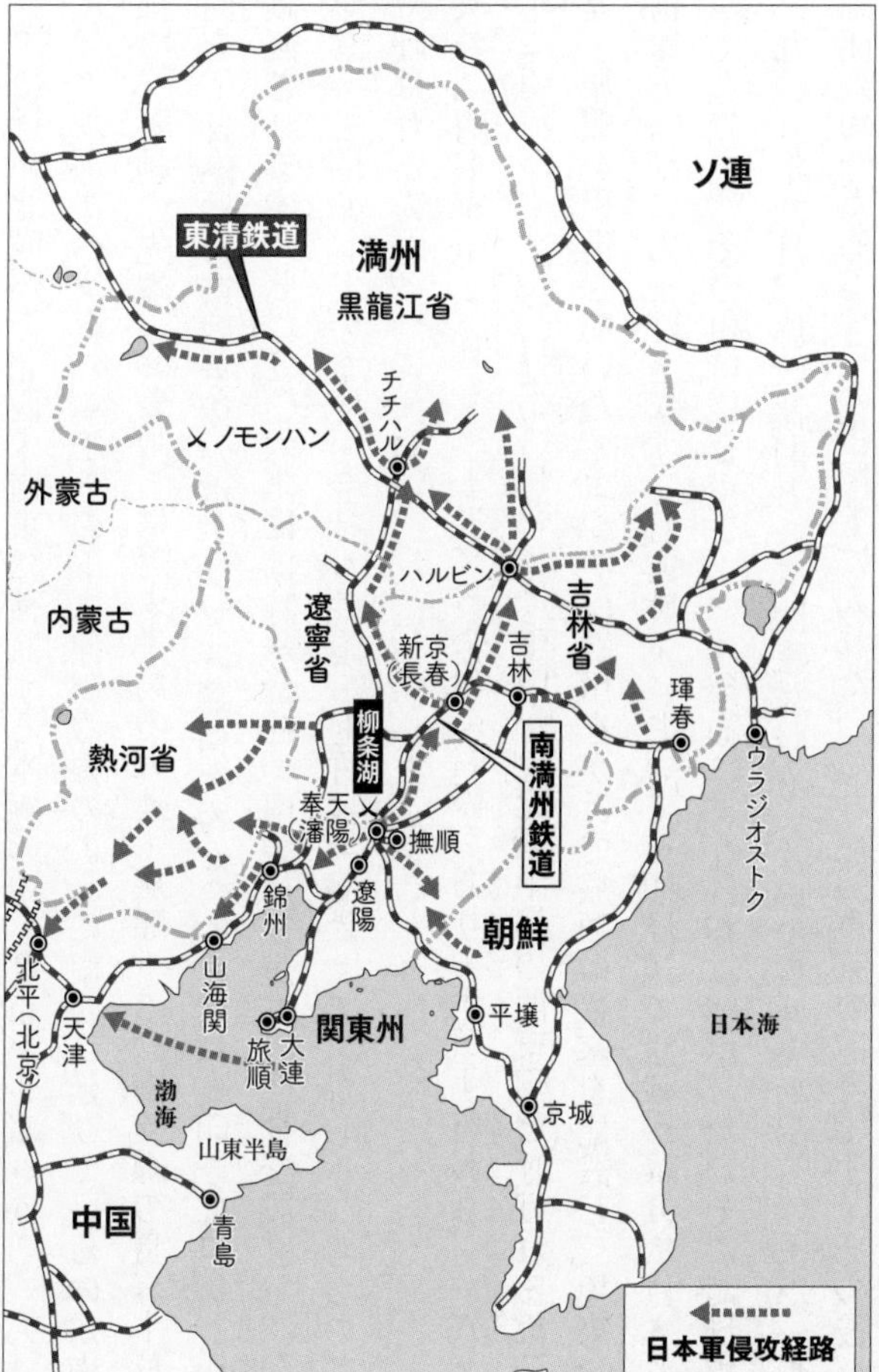
ソ連
東清鉄道
満州
黒龍江省
チチハル
ノモンハン
外蒙古
ハルビン
内蒙古
遼寧省
新京（長春）
吉林
吉林省
琿春
ウラジオストク
柳条湖
南満州鉄道
熱河省
奉天（瀋陽）
撫順
錦州
遼陽
朝鮮
北平（北京）
山海関
天津
旅順
大連
関東州
平壌
日本海
渤海
京城
山東半島
中国
青島
日本軍侵攻経路

ロシアに近い北満州を北西―南東に横断する本線の中心都市ハルビンから、ちょうど、アルファベットの「T」の下に伸びる線のように南西に延びているのが南支線で、縦軸の先端（終着地）は遼東《りょうとう》半島の大連《だいれん》・旅順。この南支線の長春―旅順間を、日本は日露戦争後のポーツマス講和条約（〇五年九月調印）でロシアから譲渡されます。そこで〇六年には特殊会社・南満州鉄道株式会社を設立し、〇七年営業を開始しています。会社も鉄道も略称は「満鉄」で、むしろこちらの名前で呼ばれる方が多いですね。

次の「関東軍」、これもポーツマス条約に関係があります。すなわち、一八九八年（明治三十一年）以来、ロシアは中国から遼東半島の関東州と呼ばれる部分、大連・旅順を租借《そしゃく》していた。ロシアは費用をかけて旅順に要塞を建設し、極東での海軍力扶植《ふしょく》に力を注ぎます。日露戦争において旅順周辺で激戦が繰り広げられたゆえんです。その租借権をポーツマス条約により日本は継承した。そこで日本は一九〇五年九月、施政機関として関東総督府（次いで関東都督府）をおき、駐《ちゅう》箚《さつ》師団（約一万名）をその指揮下に入れた。これが関東軍の前身です。その後、原敬《たかし》内閣において一九年、政・軍分離の組織改正をおこない、民政を司る関東庁と関東軍司令部とに分けた。このときその名称を関東軍としました。なぜ「関東」なのかといえば、山海関《さんかいかん》（万里の長城東端の要塞）の東という意味でロシアが使い始めた呼称を、日本も引き継いだのです。関東軍の任務は、関東州の防備及び南満州にある鉄道線路の保護。軍司令部は旅順におかれていました。

最後の「東北辺防軍」。これは中国国民政府軍の一部でありまして、東三省を支配した軍閥、張作霖の子息である学良が国民政府に合流した（易幟《えきし》）ことで、国民政府軍の麾下《きか》に入った軍隊です。張作霖が、日本軍の陰謀によって爆殺（二八年六月）されたことは、学良に、中国統一への自覚をもたらしました。学良の易幟によって南京国民政府は中国を統一、全国政権となったわけです。その功に報いるため国民政府は、学良による当該地域の独立的支配を認め、学良を国民党委員・東北辺防軍司令長官に任じました。これにより張学良麾下の東北軍は東北辺防軍と称されることになったのです。

では、初めの問いにもどりましょう。最初の文のうち、どこが不適切な記述となるでしょうか。それは、「線路が何者かによって爆破された」の、「何者か」の部分です。満鉄線を爆破する計画を立てたのは関東軍参謀でした。板垣征四郎《せいしろう》や石原莞爾《かんじ》などの参謀は、満鉄線を爆破し、これを中国軍（東北辺防軍）の仕業と見せかけようとした。一九二八年に日本が調印していた不戦条約によって、自衛権の発動以外の戦争は制限されなければならないとの考え方がしだいに国際社会で認められるようになってきていたのです。

偶発的に「起こった」衝突事件から拡大した日中戦争とは異なり、満州事変は関東軍参謀によって「起こされた」戦争でした。では、なぜ日本側は陰謀を作為したのでしょうか。そのねらいは何だったのでしょうか。また満州事変は、その後の日中関係・国際関係にいかなる影響を及ぼしたのでしょうか。今回は、これらの点について検討を加えていきましょう。

「満蒙」の誕生

満州事変が起こされた一九三〇年代初頭、日本は昭和恐慌のさなかにありました。浜口雄幸《おさち》内閣は日本経済を世界市場と結びつけることで合理的な発展を図ろうとし、三〇年（昭和五年）一月、金輸出解禁を断行して金本位制に復帰しました。しかし、その解禁の時が悪かった。前年秋（二九年十月）のニューヨーク株式市場での株価大暴落に始まった世界恐慌の影響がまさに波及する時期でした。また、日本の経済力の脆弱《ぜいじやく》性を経済合理化・緊縮《きんしゆく》財政で克服する前に、旧平価で解禁しましたので、貿易不振と景気後退が始まり、株価や生糸《きいと》価格の暴落を招きました。失業者は増え、生糸を筆頭とする農産物価格の下落により農家の負債も増大し、一般国民の生活は窮乏化したのです。一方、財閥系銀行への集中、巨大化が見られるようになりました。

そのような暗い世相のなかで、多くの国民の心をとらえたある言葉がありました。三一年一月の帝国議会で、前満鉄副総裁の立憲政友会・松岡洋右《ようすけ》代議士（のち太平洋戦争開戦前、第二次近衛内閣で外相。第2章参照）が発した一言です。「満蒙《まんもう》は我が国の生命線である」。これは幣原喜重郎《しではらきじゅうろう》外相の進める協調外交を軟弱と批判したもので、幣原外交では、中国側と日本との間でこじれていた鉄道敷設問題や関税問題など一つも解決されないとして、幣原外交は「絶対無為傍観主義」だと糾弾する文脈のなかで発された言葉です。

松岡の主張は、満蒙は経済上からも国防上からもわが国の生命線であり、わが国民が要求するのは「生物としての最小限度の生存権」である、というものでした。満蒙は日本という国家の主権、生存権にかかわるというのです。「生命線」とは、かつて一八九〇年（明治二十三年）に山県有朋《やまがたありとも》首相が、領土（主権線）の安全に密接な関係のある隣接地域のことを指していった「利益線」とほぼ同じ意味でしたが、生命線という切実な表現は国民の心を摑んだことでしょう。そして、

「守れ満蒙、帝国の生命線」というようなスローガンの形で世を席巻《せっけん》します。「生命」という言葉の重要性は、先に述べた不戦条約とも関係しています。だんだんと、特殊権益の保持が認められなくなっていた時代でしたが、その国にとって、地理的に近接している場所にある権益や国民の生命を守るためであれば、自衛権は認められる、との解釈が優勢でした。松岡のいう、「生命線」という文言は、そのような時代にあって、各国の批判をかわす狙いもあったといえるでしょう。

では、「満蒙」とは、いったいどのような地域を指していたのでしょうか。満は満州だとすぐにわかると思いますが、この場合は、本来は日本の権益があった「南満州」を指していました。満鉄も正式名は南満州鉄道でしたね。蒙は蒙古で、これも民族名のモンゴルという音に漢字を当てたもの。チンギス・ハンの時代に大帝国を築いたモンゴルも、十八世紀以降は清朝の支配下におかれていて、地域的に北にある外蒙古（現在のモンゴル国）と南にある内蒙古（現在の中国内モンゴル自治区）に分けられます。ここで日本が権益を多少なりとも有していたのは、内蒙古の、そのまた東寄りの部分、東部内蒙古の部分だけでした。「南満州」と

「東部内蒙古」を合わせた領域が、本来の満蒙の実態でした。本来はいくつかの限定がついた地域でありましたが、満蒙と呼ぶことで、限定性がなくなるわけです。

このような、南満州と東部内蒙古についての境界は、中国が決めたものではありません。では、だれによって決められたのでしょうか。それは日本とロシアが、日露戦後に締結した幾たびかの協約によって、旧態依然の帝国主義的な作法で決められたのです。少しさかのぼって、日露協約を見ておきましょう。第一回協約（一九〇七年）では、満州の鉄道と電信について両国による勢力圏を協議した際、満州に地図上の境界線を設けて、その北（北満州）はロシア、南（南満州）は日本の勢力範囲とすることを、秘密条項として認め合いました。吉林省の東端、日本海に近い琿春《こんしゅん》（現在、延辺朝鮮族自治州の都市）から、吉林の北を通って、内蒙古と外蒙古の境界線にぶつかるところまで直線を引けば、それがほぼ日露で合意した境界線です。

また内蒙古については、第三回の日露協約（一二年）において、秘密条項で取り決めがなされました。北京を通るグリニッジ東経百十六度二十七分の経度より東を日本の、西をロシアの、それぞれの勢力圏としたのです。まっすぐ通る経度で決める、これまた機械的な明快さといえるでしょう。地図上の概念とはいえ、中国に主権がある土地を、日露が分け合うという、何とも帝国主義的な旧世代的な行為だというほかはありません。第一次世界大戦（一四〜一八年）前であったということにも注意しましょう。このような作法がいまだ可能であった時代のことでした。

しかし、その後日本は、日露間の秘密了解をこえて、中国に対して「満蒙」を認めさせようと図りました。大戦中の一五年（大正四年）五月、日中間に締結された「南満州及び東部内蒙古に関する条約」がそれでした。これは両地域における日本の特殊利益を袁世凱《えんせいがい》政権に、最後通牒を突きつけて認めさせた条約です。いわゆる、対華二十一か条の要求の一つとして提示されたものでした。この条約のなかでは、満蒙という言葉ではなく、南満州・東部内蒙古という言葉が用いられていました。しかし、日本側は、一五年に中国側は条約を認めた、というそのことのみを問題として、しだいに満蒙の概念を広げていきます。当時の日本人にとって、満蒙が、南満州と東部内蒙古地域だけを指すという自覚はなかったのではないでしょうか。条約上の厳密な言葉が曖昧《あいまい》にされ、条約上のグレーゾーンがどんどんと黒白のはっきりした二項対立として考えられるようになってゆきます。松岡の「生命線」の話でいえば、本来、満蒙問題などは限定された階層にしか関係がなかったはずでした。しかし、農民も商人も含め、国民の頭のなかに、満蒙問題が重要なものとして刻まれることになっていきます。それはどうしてなのか。これを次に考えましょう。

条約を守らない国

一方、「満蒙」概念が誕生した一九一〇年代は、第一次世界大戦に象徴されるように、国際情勢が激しく揺れ動いた時代でした。「満蒙」に関係した三国のうち、中国とロシアで革命が起き、いずれも帝政が崩壊します。孫文らの革命勢力と清朝内部の新軍と呼ばれる勢力や地方議会勢力によって、清朝が打倒され、中華民国が樹立された辛亥《しんがい》革命（一一年）と、レーニンやトロツキーなどがロマノフ王朝を倒し（一七年）、ロシアを第一次世界大戦から離脱させたロシア革命です。こうした一国の政治体制の根本的変革が、満蒙をめぐる三国の関係に影響を及ぼすのは当然です。革命ロシアは、帝政時代、殊に第一次世界大戦中に各国間に結ばれた秘密条約などを世界に向けて暴露してしまいました。もちろん日露協約も例外ではありませんでした。ロシア帝国がなくなり、ソビエトとなったことで、日本は「満蒙」について了解してくれる北側のパートナーを失いました。

むろん、より問題となってくるのは、新たに袁世凱が力をもつことになった中華民国との関係です。日露戦争後、ロシアとポーツマス条約を締結した日本は、この内容を中国側に認めさせるために、「満州に関する日清条約」（〇五年十二月）を結んでいました。内容は、「旅順・大連の租借権の継承」や「東清鉄道南支線の譲渡」などがありました。これは、一つの大きな戦争を経た後の基本的な講和条約の一環としての条項でしたので、中国側もこれらの条項を否定するのは難しく、中華民国となっても継承されました。

しかし、中華民国の成立、そして二〇年代、広東（広州）の孫文と北京の軍閥政府との抗争を経て、張作霖政権が東三省をおさえ、張学良が国民政府に合流するといった時代の流れにともない、条約に書かれた条文の解釈が問題とされてきます。その主な争点の一つは、「満鉄併行線禁止条項」でした。これは、満鉄の利益を害するような鉄道幹線・支線を、中国側が満鉄に併行（並行、平行とも書きます）して敷設することを禁止した条項のことで、日本側は、満鉄の経営にかかわる重大な問題であるだけに、日清条約の秘密議定書に書かれている、立派な条約上の条文であると主張しました。しかし実際は、三二年（昭和七年）に発表されたリットン調査団の報告書の段階で明らかにされるのですが、これは日本と清国の会議の席上、議事録中に留められた発言の記録であって、条約といえるか、問題の多い条項でした。日本の外務省なども、併行線禁止条項について、これが条約であるとの自覚は、日清条約締結当時はありませんでした。当事者はわかっていたのです。曖昧にしておく方が便利なこともあるのです。たとえば、関東軍は、対ソ戦準備に便利であれば、併行線であろうとなかろうと、中国側に敷設させていました。

ただ、中国側が、満州の大豆などを満鉄線の終点にある大連ではなく、中国鉄道沿線の港まで運ぶための迂回線を敷設したのも事実です。一九二〇年代後半には実際に満鉄線に併行して、瀋海線・吉海線・洮昂《とうこう》線（延長）などいわゆる満鉄包囲線の建設がおこなわれました。中国側としては、満鉄線から十分に離れた地域であるとして、併行線ではない、と主張しました。併行線であるかどうかの定義は、日本と中国だけではなく、当時の帝国主義的な列強間では常に問題となっていたことでした。しかし、本来、曖昧な条項に対して、日本側の解釈、中国側の解釈が黒白をつけるべく激突していくのが三〇年代でした。このようなとき、三一年一月の「満蒙は我が国の生命線」との松岡洋右発言は、深く日本人の心に響いたことでしょう。

そして、この事態を逆に中国を非難するための〝好機〟ととらえたのが陸軍です。松岡発言の二か月後、満州事変勃発の六か月前にあたる三一年三月に、参謀本部第二部長（情報）の建川美次《たてかわよしつぐ》少将は、在郷軍人会でおこなった講演でこう述べています。

日清条約の秘密議定書に依りまして、満鉄に並行する線は、満鉄の利益を害するから敷かないという厳格なる取極《とりき》めがあるのでありますが、［中国側は］それを無視して、我国の抗議を負いながら彼自身之を造ったのであります。（満州での特殊利益を謳う条文も）条約書に厳存して居るのであります。然るに今日は一つも行われて居りませぬ。

ここで強調されているのは、条約によって日本に認められている権利を中国が侵害していること、つまり「中国は条約を守らない国」という点でした。以後、全国で多数開かれた国防思想普及講演会で在郷軍人会などの論者は、この点を盛んに強調して国民を煽動してゆきました。これに関連して、興味深いデータがあります。三一年七月、つまり満州事変勃発の直前といってもいい時期に、東京帝大生を対象におこなった意識調査です。「満蒙に武力行使は正当なりや」との問いに対する答えは次のようになっていました。

然り――八八パーセント（「直ちに武力行使すべき」五二パーセント、「外交手段を尽し後にすべし」三六パーセント）

然らず――一二パーセント

実に九割近くが武力行使を認め、しかも半分以上は「直ちに」と考えているのです。

もう一つ、満州事変勃発直後に同じ東京帝大生におこなった意識調査がありま す。こちらの質問は二つ、「君たちは満蒙を日本の生命線とみなすか」「満蒙問題は軍事行動をもって解決されるべきだと思うか」。これに対しても、やはり九割の学生が「はい」と答えています。

事変勃発の前後で、武力行使を容認する割合が変わることなく高いという、この調査結果は、前述した国民のコンセンサスが非常に強いものであることを物語っているのではないでしょうか。振り返ってみますと、満蒙権益は、日露戦争（一九〇四〜〇五年）の際に「二十万の生霊と二十億の国帑《こくど》（国費）」と、後に決まり言葉のようにしていわれる犠牲で獲得したという認識が国民には強かった。実は、日露戦争から二十五年しかたっていません。国民の多くは、親兄弟や自分自身が兵として戦った経験をもっていました。それだけに、何としても満蒙権益は死守しなければならないという意識が強かった。また、日本が満蒙に対しておこなった投資は約十四億円（一九二六年の統計）にものぼり、しかもその約八五パーセントまでが満鉄・政府による投資、つまり国がかりの投資でした。そうであれば、国家の進む方向に国民は従っていかざるをえない、という事情もあったと思います。

こうして一九三〇年代の初頭、満蒙をめぐる日本の国民感情は、権利を侵害され生存権を脅かされることに対する怒り、厖大《ぼうだい》な血であがなったものを失うことへの恐れから、武力行使を容認するところにまで高まっていたのです。

問題解決の唯一の方法

では、満州事変を起こした張本人である関東軍は、どういうことを考えていたのか。ここに登場するのが、事変時に関東軍参謀だった石原莞爾中佐です。石原莞爾は山形県に生まれ、陸軍士官学校を経て陸軍大学校を六十人中二番で卒業し、戦史研究のためドイツに三年留学したエリート軍人の一人です。ある人物は石原を「皮肉屋で明朗で煽動家」と評していました。ドイツ留学時に学んだ戦史家の影響もあって、その戦争観はかなりユニークなもので、現在でも毀誉褒貶《きよほうへん》相半ばします。

ドイツから帰国後、陸大教官時代の一九二八年（昭和三年）一月、課長級の少壮エリートの集まりである「木曜会」で、石原は「我が国防方針」と題する報告をおこない、次のようなことを述べました。

日米が両横綱となり、末輩までこれに従い、航空機をもって勝敗を一挙に決するときが世界最後の戦争。［略］日本内地よりも一厘《りん》も金を出させないという方針の下に戦争せざるべからず。対露作戦の為には数師団にて十分なり。全支那を根拠として遺憾なくこれを利用せば、二十年でも三十年でも戦争を継続することを得。

石原の主張は二点です。一つは、日本とアメリカがそれぞれの陣営に分かれて、航空機決戦をおこなうのが世界最後の戦争となるということ。のちの四〇年、日本とアメリカの戦争、すなわち「東洋の王道と西洋の覇道の、いずれが世界統一の指導原理たるべきか」を決定する戦争が、人類最後の戦争になるとする『最終戦争論』にまとめられました。さらに、アメリカと戦う前に、いずれかの段階でソ連と戦うことが予定されていました。それが二つ目の論点で、対ソ戦のために、戦場として予定される北満州を占領しておこうというのです。なぜかといえば、北満州まで占領しておけば、ソ連を中国とソ連の本来の国境、天然の要害まで上げておくことができ、日本とソ連がぶつかる戦場を限定できるからです。対米戦の資源的根拠地としての満州、また対ソ戦のための満州ということで、石原の考えは、純粋に戦略的な観点から編み出されたものでした。

石原は、二八年十月の異動で関東軍参謀（作戦主任）となってからは、現地で、「満蒙問題解決の唯一方法は満蒙を我有とするにあり」（「講話要領」）とか「支那問題満蒙問題は対支問題に非《あら》ずして対米問題なり」（「満蒙問題私見」）などと、事あるごとに主張していました。この石原莞爾こそが満州事変の立案者でした。

このように、石原を中心とする一部軍人たちは、軍事戦略の見地から、対ソ戦に備える基地として満蒙を中国国民政府から分離し、さらに対米戦にも持久できるような資源獲得基地として満蒙を領有することを、自衛権の論理で説明し、不戦条約違反といわれないような形式で奪取することを構想しました。彼らは、条約のグレーゾーンについては、本当のところ興味はありませんでした。ただ、国民の前では戦略上の重要性について論ずることをしませんでした。

彼らは、満州事変が必要な真の理由を伏せたまま、国民に対しては「条約を守らない国」中国との論調を展開しました。「条約書に厳存して居るのであります。然るに今日は一つも行われて居りませぬ」と聴衆に訴えた参謀本部の建川美次第二部長は、関東軍が事を起こす準備を秘密裏に進めているのを知らされる立場にありました。したがって、軍の意図と国民への説明にずれがあることも、認識していました。

昭和恐慌下で生活の不安と窮乏化におののく国民が、「満蒙生命線論」に共感し、条約を守らない中国に対する怒りを募らせて、武力行使容認の国民的コンセンサスが形成された、まさにその瞬間に、関東軍は満州事変を起こしたのでした。

三〇年代、「光」と「陰」の日本

一方、政府の対応はいかなるものだったでしょうか。柳条湖事件の報に接した若槻礼次郎《わかつきれいじろう》首相は、事件翌日、九月十九日の閣議の際、南次郎陸軍大臣に、「正当防禦であるか。もししからずして、日本軍の陰謀的行為としたならば、我が国の、世界における立場はどうするか」と詰め寄りました。これに、幣原喜重郎外相と井上準之助蔵相が同調し、閣議は事態の不拡大を決議します。

しかし二十一日、躊躇《ちゆうちよ》する政府にあきたらなく思った林銑十郎《せんじゆうろう》朝鮮軍司令官は、関東軍の増援にあたるため、朝鮮軍の一部を列車で越境させ満州へ入れました。国境を越えて軍隊を動かすには、政府の合意のうえで天皇の命令（奉勅命令）を受けなければなりませんが、林はそれを無視しました。林の行為は明白に統帥大権の干犯《かんぱん》にあたります。

しかし、テロを恐れた首相をはじめとする閣僚は、翌二十二日の閣議で、越境は認められないが、すでに出動した朝鮮軍についての経費の支出は認めるという二股的な決定をおこないました。林銑十郎は統帥権干犯を責められませんでした。越境問題が何ら林の経歴のキズにならず、むしろ逆だったことは、三年後（三四年）には陸軍大臣になり、そのまた三年後（三七年）には内閣総理大臣にまで上り詰めたという事実が証明しています。

統帥権干犯を責めることなく、関東軍と朝鮮軍の暴走を追認した若槻内閣を今の視点で非難するのは簡単なのですが、若槻の判断の背景にあった国内的な脅威、これを知らなければ歴史的な評価を下したとはいえません。

満州事変の始まる六か月前の三一年（昭和六年）三月には、国家改造を唱える橋本欣五郎《きんごろう》中佐らが民間の国家主義者・大川周明《しゅうめい》らと組み、クーデタによって軍部内閣を樹立しようとする「三月事件」が発覚しました。十月には、同じく橋本欣五郎ら軍の急進派が軍隊の一部をもって皇居を占領しつつ、民間右翼勢力を動員して、若槻首相をはじめとする政府財界の要人を暗殺して軍部政権を樹立しようと企んだ「十月事件」がこれも未然に発覚して、政府を震撼させました。十月事件は、二・二六事件の萌芽を含んでいます。未然に発覚したことで、ある意味、より強い恐怖感を為政者に与えたのではないでしょうか。これらクーデタを企図した橋本に対して陸軍が下した処分は重謹慎二十日でした。「憂国慨世《ゆうこくがいせい》の熱情に出でたるものにして、他意存するに非ず」というのが陸軍の説明です。そして、新聞報道はすべて「永久差止め」となっていました。

このような非理がまかり通る時代に、憲法その他の国制に合致した立憲的な対応をとるのは、なかなか困難です。命がかかってくるからです。むろん、何とかしようという動きはありました。民政党単独内閣ではなく、野党（政友会）と提携した強力内閣をつくって、軍部を抑制しようとする構想もありました。しかし、これには、経済・外交政策が異なる政友会を嫌う井上蔵相の意志もあり、なかなか上手くいきませんでした。こうして結局、一枚岩にまとまれなかった若槻内閣は、満州事変勃発から三か月後の十二月に閣内不一致で総辞職します。

テロも実際に起こるようになりました。翌三二年二月には井上前蔵相が、三月には三井財閥の総帥の団琢磨《だんたくま》が、いずれも国家主義団体・血盟団《けつめいだん》の団員に射殺されています。そして五月には、海軍将校と血盟団員によるクーデタ事件、五・一五事件で、犬養毅《いぬかいつよし》首相が射殺されています。

この時期、なぜ軍部・国家主義者によるテロが続発したのでしょうか。一つの視角として、この時代特有の〝光と陰〟があるのではないかと考えています。一九二八年十一月、昭和天皇の即位の大礼が京都でおこなわれました。そのクライマックスは「紫宸殿《ししんでん》の儀」でした。午後三時、軍楽隊の「君が代」吹奏のうちに、田中義一首相の「万歳」の声に唱導され、その時刻きっかりに、ラジオの中継に合わせて全国津々浦々で万歳三唱がなされ、それは、植民地においても挙行されました。万歳は、時刻を日本時間で午後三時になるように調整の上でなされました。儀礼空間における荘重な儀式や、今後来るべき新しい時代を担う新しい天皇の姿は、人々の目に明るく輝く「光」と映りました。

しかし一方には、深刻な不況と窮乏化する農村という暗い現実がありました。

どうしてこれほどに世の中は悪いのかと人々は考え、見やすい理由や溜飲《りゅういん》を下げやすい答えを探します。つまり、明るい時代のはずがなぜ暗いのかといえば、それは天皇を支えるはずの閣僚、宮中側近、重臣、政党人、財閥が悪いからであるとするわけです。これらの人々は、当時の右翼や国家主義者から、君側《くんそく》の奸《かん》と呼ばれました。これらの人々が光の「陰」の部分として糾弾の的となってきます。この陰の部分を排除すれば、世の中は良くなるのではないか、こう考えられました。その光と陰の交錯するなかで不安を抱えて茫然と立ちすくんでいるのが、この時期の国民の姿だったのではないかと私は思うのです。

公理に訴える

さて、では中国は満州事変にどう対処したのでしょうか。すでに四年前から続いている共産党打倒の戦いで江西省に遠征していた中国国民政府の蔣介石主席は、急ぎ南京にもどり、事変勃発から三日後の一九三一年（昭和六年）九月二十一日、事態を国際連盟に提訴します。日本との外交交渉ではなく、「公理に訴える」方針をとったのです。これには三つの理由が考えられます。

第一に、日本の侵略を国際世論によって牽制《けんせい》できること。また、それにより中国に有利な国際環境をつくっておけば、のちに予想される日中交渉にも有利だ、と考えた。

第二に、国民の関心を連盟に向けさせることができること。そうやって国家防衛の責任の一部分を連盟に分担させることは、自らの政権維持のうえで重要だ、と考えた。

第三に、張学良に日本との折衝をおこなわせないため。易幟をして国民政府に合流したとはいえ、東三省の軍事的・行政的な実権は依然として張学良にある。その張学良が外交の側面で日本と停戦の話し合いなどに入ってしまうと、外交という、最も主権を行使しやすい分野で、国民政府が排除されてしまう可能性が出てくる。張学良の動きを制するためにも、主権をもつ政府としての存在を明らかにするためにも、外交権を発揮して連盟に提訴しようと考えた。

以上のような思惑がありましたが、しかし国際連盟に訴えたのが正しかったのか、唯一の選択だったのかについての評価は難しいものがあります。というのも、事変勃発から三年たった三四年、蔣介石自身、他人の名前を借りて発表した論文のなかで、連盟にもち込んだ解決方針について反省を加えていました。その論文「敵か味方か」で蔣介石がいうには、満州事変を起こして以降のことについては日本に六割の責任がある。しかし、事変が起こされるまでの過程において中国にも四割の責任がある。それが問題を連盟にもち込んだことで、二国間での宥和《ゆうわ》的解決の道は閉ざされて、対立が決定的になってしまった。しかも、日本は連盟を脱退していってしまい、残った中国が得たのは各国からの同情だけだった。その反省のうえに立ち、蔣介石は今いちど日本との外交関係の修復へのシグナルを出したわけです。

満州事変勃発後、蔣介石は張学良に対して、無抵抗主義で対処しろと指示したため、東北軍は強力な抵抗をすることなく西南方に退却し、関東軍は三二年初頭までには満州全土を支配下におきました。しかし、日本が満州を占領することは、自衛権ではとうてい説明ができませんので、張学良による「圧政」のために、中国国民政府から独立しようとした人々が新国家を建設した、との説明を試みました。これが「満州国」（三二年三月建国）でした。なぜ、全満州の占領ではなく、新国家樹立となるのかの理由については、新国家であれば日本と条約が締結できるからである、と軍関係者は答えています。日本側は、「所要の日本国軍は満州国内に駐屯するものとす」と書かれた条約を満州国と結び（日満議定書）、日本側が満州事変以前に問題としていたすべての諸懸案を、日本側の解釈によって「解決」したのです。

中国の提訴に基づき、国際連盟から派遣された調査団（委員長はイギリス人のリットン卿）は、三二年二月から四か月にわたって日本、中国、満州を調査し、十月、連盟に報告書を提出します。調査団の主要なメンバーは、イギリス、フランス、ドイツ、イタリア、アメリカの五か国から選出されていました。大国から

柳条湖事件があった南満州鉄道の爆破現場を調べるリットン調査団

委員を選出することで、議論が過激になるのを防ごうとした連盟の意志が働いている人選であるといえます。この報告書は、日本に対して有利な部分と不利な部分からなっていました。有利な点としては、日本製品へのボイコットの永久停止、日本人の居住権・土地貸借権の全満州への拡張など、日本の経済的権益への配慮がなされていたことでした。日本にとって不利な点は、鉄道爆破後の展開は自衛の措置とは認めがたいこと、そして「満州国」という国家は民族自決によって生み出されたものではなく、満州は中国の主権下にあることを認めるべきだという点でした。当時、新聞各紙は、リットン報告書に対する希望的な観測を書いていましたし、軍部も自衛権の正当性を説く講演会などを全国で何度も開催していましたので、国民はこのような報告書が出たことに非常に憤慨《ふんがい》することになります。社会の方が、強い反発をまずは示すようになりました。

諒解を取り消したし

最後に、満州事変から連盟脱退の決意にいたる過程で起きた、ある場面についてふれたいと思います。小さな一幕ではありますが、その後の日本の軍事的政治的な展開に重要な意味を持った、ターニングポイントでした。

一九三三年（昭和八年）二月、陸軍は満州国に隣接する熱河《ねっか》省への侵攻作戦を開始します。熱河省は中国が、いくつかの地域を合わせて二八年に新設した省で、現在の遼寧省・内モンゴル自治区・河北省が交わる一帯です。作戦の目的は、熱河省に駐留していた張学良の東北軍を掃討することにありました。満州地域にある熱河省を、当然満州国内だとみなしていた陸軍をはじめとする政府は、熱河作戦は、満州国の安定のために不可欠の作戦であり、満州国内部での作戦だと理解していました。その理解に立って閣議も作戦を認め、天皇自身も二月四日に閑《かん》院宮《いんのみや》参謀総長に裁可を与えてしまっていました。当初、この作戦をとることが重大な意味をもちうることに、首相も天皇も気づいていませんでした。

ところが二月八日、斎藤実《まこと》首相が血相を変えて参内《さんだい》してきます。この、新たな作戦を日本軍が実施すれば、国際連盟規約に抵触するかもしれず、その場合は、除名という不名誉な結果を招くというのです。前年秋のリットン調査団の報告書を受けて、連盟では、勧告案の作成など満州問題の解決に努めている最中でした。規約第十六条は、そのような状態にあるときに、それを無視して、新たな「戦争に訴えたる同盟国は、当然、他のすべての同盟国に対し、戦争行為をなしたるものとみなす」という。となると、問題は「熱河省は満州国の一部」かどうかです。

日本の考えるように「一部」であるなら、それは国内の問題であって、戦争という概念ではありません。熱河省は、中国の領土であり、そこに新たに侵攻するのは、戦争行為になりうるだろうと斎藤首相は考えました。その場合、すべての連盟国の敵として、通商上・金融上の経済制裁を受け、場合によっては除名されることになります。

そこにようやく気づいた斎藤首相は、熱河作戦を決定した閣議決定を取り消し、天皇にも裁可を取り消してほしいと頼み込んだのです。そのあと、天皇が語った言葉を侍従武官長の奈良武次《たけじ》が記録しています。天皇は、斎藤首相から聞いたいきさつを語り、そしてこう告げた。

過日参謀総長に熱河攻略は止むを得ざるものとして諒解を与え置きたるも之を取り消したし。閑院宮に伝えよ。

しかし、宮中側近や元老の西園寺《さいおんじ》公望《きんもち》は、取り消しはしてはならない、斎藤首相の要望を聞き入れてはいけないと答えました。一度裁可したものを取り消すことは、天皇の権威を決定的に失墜させる、というのがその理由の第一でした。取り消しとなれば、陸軍は天皇に対して公然と反抗を始めるだろう、というのが第二です。

さらに十一日、斎藤首相は天皇に、熱河作戦を敢行すれば国際連盟から除名されるおそれがあるので、何とか中止させたいが、軍部はすでに御裁可を得ていると主張して中止させられない、と苦衷《くちゅう》を述べます。その奏上を聞いた天皇は、斎藤のために何とかしてやりたいと思ったことでしょう。裁可の取り消しを止めた宮中側近に対して天皇は、再度、尋ねます。

統帥最高命令に依り之（熱河作戦）を中止せしめ得ざるや。

しかし、天皇の裁可が取り消されることはありませんでした。二月二十三日、熱河侵攻作戦が開始されます。二十四日、満州国の存在を認めないとする勧告を国際連盟総会は、賛成四十二、反対一（日本）、棄権一（シャム、現タイ）の圧倒的多数で採択し、日本は国際連盟脱退を通告する道を選びました。

熱河作戦に際して昭和天皇は、作戦の中止命令を出そうとしました。しかし、明治憲法下の立憲体制では、大元帥である天皇でも、統帥部の輔翼などがなければ大権を行使できませんでした。それを知る宮中側近が止めたからです。しかし、ここに、天皇でさえ、自らの意志によって、暴発した軍事行動を止められないというパターンができたことは、不幸なことでした。

開拓移民

満州事変に始まり、太平洋戦争の敗戦で終わった日本の戦争の歴史の最も苛酷なツケは、「乳と蜜の流るる郷へ」などという美しいスローガンで満蒙開拓へと誘われた開拓民たちの上にふりかかることになりました。日本政府は、ソ連に対する関東軍の防備の薄さと兵力不足を、満蒙開拓青少年義勇軍という制度によって補おうとしました。また、昭和恐慌以降、回復の遅い農村の負債を減らすため、分村移民も奨励されました。村を分けて満蒙に渡れば、残った村々に国や県から特別助成金が支払われる仕組みでした。また満蒙に渡ると決意すれば、渡航準備金や渡航後の生活の保障は篤《あつ》くなされると喧伝《けんでん》されました。しかし、その約束は守られませんでした。

国家が用意した開拓地は、実質的に未開墾の土地も多く、開墾された土地などは、現地の農民から力で奪取、あるいは格安の価格で買収した土地も多かったのです。そのため、敗戦となれば、周辺農民からの開拓民への略奪も起こったのです。太平洋戦争開戦後には、内地で中小小売業や絹織物業などの奢侈《しゃし》産業に従事していた人が転業を迫られた結果、満蒙に渡った例もありました。海を越えた人々の数はどれくらいだったのでしょうか。ある資料によれば、敗戦時に満州にいた開拓民は二十二万三千人であったといいます。そのうち無事帰還できたのは十四万人。残りの八万人弱の人々が、ソ連の侵攻に際して、あるいは帰国の船を待つ収容所での発疹チフスのために命を落としました。ソ連侵攻後の逃避行の際、集団自殺を図る例や、中国の農民に子どもを預けた例など、開拓民にまつわる悲劇は枚挙にいとまがありません。

帰国まで、気の遠くなるような時間のかかった残留婦人、残留孤児などの問題を考えれば、国家の責任を強く追及する思いで歴史を振り返りたくなる気持ちもわかります。しかし、たとえば、自らが分村移民を送り出す村の村長であったらどう行動したか、あるいは、県の開拓主事であったらどう行動したか、移民しようとしている家の妻であったらどう行動したか、関東軍の若い将校であったとしたらどう行動したか、そのような目で歴史を振り返って見ると、また別の歴史の姿が見えてくると思います。近代史をはるか昔に起きた古代のことのように見る感性、すなわち、自国と外国、味方と敵といった、切れば血の出る関係としてではなく、あえて現在の自分とは遠い時代のような関係として見る感性、これは、未来に生きるための指針を歴史から得ようと考える際には必須の知性であると考えています。

参考文献

全般

『それでも、日本人は「戦争」を選んだ』加藤陽子　朝日出版社　2009
『満州事変から日中戦争へ』(「シリーズ日本近現代史」5)加藤陽子　岩波新書　2007
『戦争の日本近現代史』加藤陽子　講談社現代新書　2002
『戦争の論理』加藤陽子　勁草書房　2005
『徴兵制と近代日本』加藤陽子　吉川弘文館　1996
『昭和史　Ⅰ』中村隆英　東洋経済新報社　1993
『二つの大戦』(「大系　日本の歴史」14)江口圭一　小学館　1993
『帝国の昭和』(「日本の歴史」23)有馬学　講談社　2002
『逆説の軍隊』(「日本の近代」9)戸部良一　中央公論社　1998

第1章

『アジア・太平洋戦争』(「戦争の日本史」23)吉田裕・森茂樹　吉川弘文館　2007

『アジア・太平洋戦争』（「シリーズ日本近現代史」6）吉田裕　岩波新書　2007
『太平洋戦争』細谷千博他編　東京大学出版会　1993
『大本営陸軍部戦争指導班　機密戦争日誌　上・下』軍事史学会編　錦正社　1998
『杉山メモ　上・下』参謀本部編　原書房　1989
『木戸幸一日記　下巻』木戸日記研究会校訂　東京大学出版会　1966
『「大東亜戦争」の時代』波多野澄雄　朝日出版社　1988
『草の根のファシズム』（「新しい世界史」7）吉見義明　東京大学出版会　1987
『戦争・占領・講和』（「日本の近代」6）五百旗頭真　中央公論新社　2001
『戦争と戦後を生きる』（「全集　日本の歴史」15）大門正克　小学館　2009
『昭和天皇の終戦史』吉田裕　岩波新書　1993

第2章

『軍備拡張の近代史』山田朗　吉川弘文館　1997
『幕僚たちの真珠湾』波多野澄雄　朝日新聞社　1991
『太平洋戦争への道』（全7巻・別巻）日本国際政治学会太平洋戦争原因研究部編著　朝日新聞社　1987

『昭和天皇』古川隆久　中公新書　2011
『硫黄島玉砕戦』NHK取材班　日本放送出版協会　2007
『昭和天皇独白録』寺崎英成、マリコ・テラサキ・ミラー編著　文藝春秋　1991
『アジア・太平洋戦争』（「戦争の日本史」23）吉田裕・森茂樹　前掲
『アジア・太平洋戦争』（「シリーズ日本近現代史」6）吉田裕　前掲
『「大東亜戦争」の時代』波多野澄雄　前掲

第3章

『満州事変から日中全面戦争へ』（「戦争の日本史」22）伊香俊哉　吉川弘文館　2007
『日中戦争の軍事的展開』（「日中戦争の国際共同研究」2）波多野澄雄・戸部良一編
慶應義塾大学出版会　2006
『中国抗日軍事史』菊池一隆　有志舎　2009
『革命とナショナリズム』（「シリーズ中国近現代史」③）石川禎浩　岩波新書　2010
『新版　日中戦争』臼井勝美　中公新書　2000
『中華民国』横山宏章　中公新書　1997

『ナチズム極東戦略』田嶋信雄　講談社選書メチエ　1997
『近代日本の戦争と政治』三谷太一郎　岩波書店　2010
『日本陸軍と中国』戸部良一　講談社選書メチエ　1999
『蔣介石と毛沢東』（「現代アジアの肖像」2）野村浩一　岩波書店　1997
『蔣介石』黄仁宇（北村稔他訳）東方書店　1997

第4章

『総動員帝国』L・ヤング（加藤陽子他訳）岩波書店　2001
『柳条湖事件から盧溝橋事件へ』安井三吉　研文出版　2003
『キメラ　満洲国の肖像』山室信一　中公新書　1993
『満鉄全史』加藤聖文　講談社選書メチエ　2006
『昭和の軍閥』高橋正衛　講談社学術文庫　2003
『可視化された帝国』原武史　みすず書房　2001
『ノモンハン戦争』田中克彦　岩波新書　2009
『満州事変から日中全面戦争へ』（「戦争の日本史」22）伊香俊哉　前掲

日本の動き	
1928	昭和天皇の即位大礼
1930	ロンドン海軍軍縮会議
1931	三月事件
	満州事変始まる
1932	上海事変
	満州国建国宣言
	五・一五事件
1933	熱河侵攻
	国際連盟脱退通告
1936	二・二六事件
1937	日中戦争始まる
	上海占領
	南京占領

世界の動き	
1929	世界恐慌
1933	ドイツ、ナチス政権成立
1934	中国共産党軍、長征開始
1935	ドイツ、再軍備宣言
1936	ドイツ、ラインラント進駐
	西安事件
1937	中国、抗日民族統一戦線結成（第二次国共合作）

1938	近衛声明
	国家総動員法
1940	北部仏印進駐
	日独伊三国同盟
1941	日ソ中立条約
	南部仏印進駐
	東条英機内閣成立
	太平洋戦争始まる（日米開戦）
1942	ミッドウェー海戦
1943	ガダルカナル撤退
1944	マリアナ沖海戦・サイパン失陥
	東条内閣総辞職
1945	東京大空襲
	沖縄戦
	広島に原爆投下
	ソ連参戦
	長崎に原爆投下
	ポツダム宣言受諾（敗戦）

1938	ドイツ、オーストリア併合
1939	独ソ不可侵条約
	第二次世界大戦勃発
1940	南京国民政府の樹立
1941	ドイツ、ソ連に侵攻
1943	イタリア降伏
1944	連合軍、ノルマンディー上陸
1945	ヤルタ会談（ソ連の対日参戦決定）
	ベルリン陥落、ドイツ無条件降伏

【放送記録】　さかのぼり日本史　「昭和　とめられなかった戦争」

第1回　敗戦への道
2011年5月3日放送

資料提供　国立国会図書館、米国立公文書館、スタンフォード大学フーバー協会、石川光陽
取材協力　川杉元延
出演　加藤陽子（東京大学大学院教授）
テーマ音楽　横山克
タイトル映像　鈴木哲
キャスター・語り　石澤典夫
撮影　菊島斉
音声　堀田貴義、小川一登
映像技術　真壁一郎
映像デザイン　渥美妙子
音響効果　最上淳
編集　富山信章
リサーチャー　長峰麻紀子、及川悠理
コーディネーター　松本ウィリー
ディレクター　岩田真治
制作統括　谷口雅一

第2回　日米開戦　決断と記憶
2011年5月10日放送

資料提供　防衛研究所図書館、国立国会図書館、米国立公文書館、ロスアラモス国立研究所、アマナイメージズ、スタンフォード大学フーバー協会、ワーナーホームビデオ、玉田裕一
取材協力　栗林直高、工藤洋三
音楽・スタッフ他　同上

第3回　日中戦争　長期化の誤算
2011年5月17日放送

資料提供　国立国会図書館、外務省外交史料館、米国立公文書館、横浜市史資料室、アマナイメージズ、ゲッティイメージズ、芳賀日出男
取材協力　福手豊丸、福手均、関廣佳、横浜開港資料館
撮影　菊島斉、出頭清美
照明　岸本廣
音声　堀田貴義、福田広幸
映像技術　鈴木歩
音響効果　米田達也
FD　木下潤子
音楽・スタッフ他　同上

第4回　満州事変　暴走の原点
2011年5月24日放送

資料提供　国立国会図書館、米国立公文書館、共同通信社、郡上市教育委員会、ゲッティイメージズ、アニドウ・フィルム、セレブロ、奈良武康、瀬戸重喜
取材協力　福手豊丸、福手均、永島マス子、青木恒明
撮影　菊島斉、赤羽輝明
照明　雑賀秀樹
コーディネーター　松山果包
音楽・スタッフ他　同上

本書は、二〇一一年七月にＮＨＫ出版より刊行された『ＮＨＫさかのぼり日本史　②昭和　とめられなかった戦争』を文庫化したものです。

構成　西田節夫
写真　文藝春秋写真資料室
ＤＴＰ　エヴリ・シンク

とめられなかった戦争《せんそう》

定価はカバーに表示してあります

2017年2月10日　第1刷
2025年7月31日　第4刷

著　者　加《か》藤《とう》陽《よう》子《こ》
発行者　大沼貴之
発行所　株式会社　文藝春秋

東京都千代田区紀尾井町 3-23　〒102-8008
ＴＥＬ　03・3265・1211㈹
文藝春秋ホームページ　https://www.bunshun.co.jp

落丁、乱丁本は、お手数ですが小社製作部宛お送り下さい。送料小社負担でお取替致します。

印刷・TOPPANクロレ　製本・加藤製本

Printed in Japan
ISBN978-4-16-790800-3

（　）内は解説者。品切の節はご容赦下さい。

林　真理子
不機嫌な果実
三十二歳の水越麻也子は、自分を顧みない夫に対する密かな復讐として、元恋人や歳下の音楽評論家と不倫を重ねるが……。男女の愛情の虚実を醒めた視点で痛烈に描いた、傑作恋愛小説。
は-3-20

伊集院　静
羊の目
男の名はサイレントマン。神に祈りを捧げる殺人者——。戦後の闇社会を震撼させたヤクザの、哀しくも一途な生涯を描き、なお清々しい余韻を残す長篇大河小説。（西木正明）
い-26-15

小川洋子
猫を抱いて象と泳ぐ
伝説のチェスプレーヤー、リトル・アリョーヒン。彼はいつしか「盤下の詩人」として奇跡のように美しい棋譜を生み出す。静謐にして愛おしい、宝物のような傑作長篇小説。（山﨑　努）
お-17-3

角田光代
対岸の彼女
女社長の葵と、専業主婦の小夜子。二人の出会いと友情は、些細なことから亀裂が入るが……。孤独から希望へ、感動の傑作長篇。ロングセラーとして愛され続ける直木賞受賞作。（森　絵都）
か-32-5

森　絵都
カラフル
生前の罪により僕の魂は輪廻サイクルから外されたが、天使業界の抽選に当たり再挑戦のチャンスを得る。それは自殺を図った少年の体へのホームステイから始まって……。（阿川佐和子）
も-20-1

有吉佐和子
青い壺
無名の陶芸家が生んだ青磁の壺が売られ贈られ盗まれ、十余年後に作者と再会した時——。壺が映し出した人間の有為転変を鮮やかに描き出した有吉文学の名作、復刊！（平松洋子）
あ-3-5

太宰　治
斜陽《しやよう》　人間失格《にんげんしつかく》　桜桃《おうとう》　走《はし》れメロス　外七篇
没落貴族の哀歓を描く「斜陽」、太宰文学の総決算「人間失格」、美しい友情の物語「走れメロス」など、日本が生んだ天才作家の代表作が一冊になった。詳しい傍注と年譜付き。（臼井吉見）
た-47-1

横山秀夫
クライマーズ・ハイ
日航機墜落事故が地元新聞社を襲った。衝立岩登攀を予定していた遊軍記者が全権デスクに任命される。組織、仕事、家族、人生の岐路に立たされた男の決断。渾身の感動傑作。（後藤正治）
よ-18-3

伊坂幸太郎
死神の精度
冴えない会社員、昔ながらのやくざ、恋をする青年……真面目でちょっとズレた死神・千葉が出会う、6つの人生を描いた短編集。著者の特別インタビューも収録。

い-70-3

奥田英朗
イン・ザ・プール
プール依存症、陰茎強直症、妄想癖など、様々な病気で悩む患者が病院を訪れるも、精神科医・伊良部の暴走治療ぶりに呆れるばかり。こいつは名医か、ヤブ医者か？　シリーズ第一作。

お-38-1

黒川博行
後妻業
結婚した老齢の相手との死別を繰り返す女・小夜子と、結婚相談所の柏木につきまとう黒い疑惑。高齢の資産家男性を狙う〝後妻業〟を描き、世間を震撼させた超問題作！（白幡光明）
く-9-13

恩田　陸
木洩れ日に泳ぐ魚
アパートの一室で語り合う男女。過去を懐かしむ二人の言葉に、意外な真実が混じり始める。初夏の風、大きな柱時計、あの男の背中。心理戦が冴える舞台型ミステリー。（鴻上尚史）
お-42-3

柚木麻子
ナイルパーチの女子会
商社で働く栄利子は、人気主婦ブロガーの翔子と出会い意気投合。だが同僚や両親との間に問題を抱える二人の関係は徐々に変化して——。山本周五郎賞受賞作。（重松　清）
ゆ-9-3

篠田節子
冬の光
四国遍路の帰路、冬の海に消えた父。家庭人として企業人として恵まれた人生ではなかったのか……足跡を辿る次女が見た最期の景色と人生の深遠が胸に迫る長編傑作。（八重樫克彦）
し-32-12

（　）内は解説者。品切の節はご容赦下さい。

村上春樹
色彩を持たない多崎つくると、彼の巡礼の年
多崎つくるは駅をつくるのが仕事。十六年前、親友四人から理由も告げられず絶縁された彼は、恋人に促され、真相を探るべく一歩を踏み出す――全米第一位に輝いたベストセラー。
む-5-13

川上未映子
乳《ちち》と卵《らん》
娘の緑子を連れて大阪から上京した姉の巻子は、豊胸手術を受けることに取り憑かれている。二人を東京に迎えた「私」の狂おしい三日間を、比類のない痛快な日本語で描いた芥川賞受賞作。
か-51-1

吉田修一
横道世之介
大学進学のため長崎から上京した横道世之介十八歳。愛すべき押しの弱さと隠された芯の強さで、様々な出会いと笑いを引き寄せる。誰の人生にも温かな光を灯す青春小説の金字塔。
よ-19-5

重松　清
小学五年生
人生で大切なものは、みんな、この季節にあった。まだ「おとな」でないけれど、もう「こども」でもない微妙な年頃を、移りゆく四季を背景に描いた笑顔と涙の少年物語、全十七篇。
し-38-8

角田光代
空中庭園
京橋家のモットーは「何ごともつつみかくさず」……普通の家族の表と裏、光と影を描いた連作家族小説。第三回婦人公論文芸賞受賞、小泉今日子主演で映画化された話題作。（石田衣良）
か-32-3

森　絵都
風に舞いあがるビニールシート
自分だけの価値観を守り、お金よりも大切な何かのために懸命に生きる人々を描いた、著者ならではの短編小説集。あたたかくて力強い6篇を収める。第一三五回直木賞受賞作。（藤田香織）
も-20-3

原田マハ
キネマの神様
四十歳を前に突然会社を辞め無職になった娘と、借金が発覚したギャンブル依存のダメな父。ふたりに奇跡が舞い降りた！壊れかけた家族を映画が救う、感動の物語。（片桐はいり）
は-40-1

又吉直樹
火花
売れない芸人の徳永は、先輩芸人の神谷を師として仰ぐようになる。二人の出会いの果てに、見える景色は。第一五三回芥川賞受賞作。受賞記念エッセイ「芥川龍之介への手紙」を併録。
ま-38-1

村田沙耶香
コンビニ人間
コンビニバイト歴十八年の古倉恵子。夢の中でもレジを打ち、誰よりも大きくお客様に声をかける。ある日、婚活目的の男性がやってきて——話題沸騰の芥川賞受賞作。（中村文則）
む-16-1

宮下奈都
羊と鋼の森
ピアノの調律に魅せられた一人の青年が、調律師として、人として成長する姿を温かく静謐な筆致で綴った長編小説。伝説の三冠を達成した本屋大賞受賞作、待望の文庫化。（佐藤多佳子）
み-43-2

瀬尾まいこ
そして、バトンは渡された
幼少より大人の都合で何度も親が替わり、今は二十歳差の〝父〟と暮らす優子。だが家族皆から愛情を注がれた彼女が伴侶を持つとき——。心温まる本屋大賞受賞作。（上白石萌音）
せ-8-3

姫野カオルコ
彼女は頭が悪いから
東大生集団猥褻事件で被害者の美咲が東大生の将来をダメにした〝勘違い女〟と非難されてしまう。現代人の内なる差別意識に切り込んだ社会派小説の新境地！　柴田錬三郎賞選考委員絶賛。
ひ-14-4

馳　星周
少年と犬
犯罪に手を染めた男や壊れかけた夫婦など傷つき悩む人々に寄り添う一匹の犬は、なぜかいつも南の方角を向いていた。人と犬の種を超えた深い絆を描く直木賞受賞作。（北方謙三）
は-25-10

綿矢りさ
かわいそうだね？
同情は美しい？　卑しい？　美人の親友のこと本当に好き？　滑稽でブラックで愛おしい女同士の世界。本音がこぼれる瞬間を描いた二篇を収録。第六回大江健三郎賞受賞作。（東　直子）
わ-17-2

（　）内は解説者。品切の節はご容赦下さい。

平野啓一郎
本心
急逝した最愛の母を、AIで蘇らせた朔也。幸福の最中で自由死を願った母の「本心」を探ろうとするが、思いがけない事実に直面する――愛と幸福、命の意味を問いかける傑作長編。
ひ-19-4

中島京子
長いお別れ
認知症を患う東昇平。遊園地に迷い込み、入れ歯は次々消える。けれど、難読漢字は忘れない。妻と3人の娘を不測の事態に巻き込みながら、病気は少しずつ進んでいく。（川本三郎）
な-68-3

三浦しをん
まほろ駅前多田便利軒
東京郊外〝まほろ市〟で便利屋を営む多田のもとに、高校時代の同級生・行天が転がりこんだ。通常の依頼のはずが彼らにかかると、ややこしい事態が出来《しゅったい》して。直木賞受賞作。（鴻巣友季子）
み-36-1

桐野夏生
グロテスク（上下）
あたしは仕事ができるだけじゃない。光り輝く夜のあたしを見てくれ――。名門女子高から一流企業に就職し、娼婦になった女の魂の彷徨。泉鏡花文学賞受賞の傑作長篇。（斎藤美奈子）
き-19-9

森見登美彦
熱帯
どうしても「読み終えられない本」がある。結末を求めて悶えるメンバーは東奔西走。世紀の謎はついに……。全国の10代が熱狂、第6回高校生直木賞を射止めた冠絶孤高の傑作。
も-33-1

千早　茜
神様の暇つぶし
夏の夜に現れた亡き父より年上のカメラマンの男。臆病な私の心に踏み込んで揺さぶる。彼と出会う前の自分にはもう戻れない。唯一無二の関係を鮮烈に描いた恋愛小説。（石内　都）
ち-8-5

伊吹有喜
雲を紡ぐ
不登校になった高校2年の美緒は、盛岡の祖父の元へ向う。羊毛を手仕事で染め紡ぐ作業を手伝ううち内面に変化が訪れる。親子三代「心の糸」の物語。スピンオフ短編収録。（北上次郎）
い-102-2

（　）内は解説者。品切の節はご容赦下さい。

司馬遼太郎
坂の上の雲
（全八冊）
松山出身の歌人正岡子規と軍人の秋山好古・真之兄弟の三人を中心に、維新を経て懸命に近代国家を目指し、日露戦争の勝利に至る勃興期の明治をあざやかに描く大河小説。（島田謹二）
し-1-76

平岩弓枝
御宿かわせみ
大川端にある旅籠「かわせみ」。この街でおこる事件を解決するなかで、宿の女主人・るいと恋人・東吾の二人は強く結ばれていく……。江戸の下町情緒あふれる筆致で描かれた人情捕物帳。
（全三十四冊）
ひ-1-201

藤沢周平
三屋清左衛門残日録
家督をゆずり隠居の身となった清左衛門の日記「残日録」。悔いと寂寥感にさいなまれつつ、なお命をいとおしみ、力尽くす男の残された日々の輝きを描き共感をよぶ連作長篇。（丸元淑生）
ふ-1-27

池波正太郎
鬼平犯科帳　決定版
（全二十四冊）
人気シリーズがより読みやすい決定版で登場。一巻目には「唖の十蔵」「本所・桜屋敷」「血頭の丹兵衛」「浅草・御厩河岸」「老盗の夢」「暗剣白梅香」「座頭と猿」「むかしの女」を収録。（植草甚一）
い-4-101

宇江佐真理
幻の声
髪結い伊三次捕物余話
（全十五冊）
町方同心の下で働く伊三次は、事件を追って今日も東奔西走。江戸庶民のきめ細かな人間関係を描き、現代を感じさせる連作短編。選考委員絶賛のオール讀物新人賞受賞作。（常盤新平）
う-11-1

浅田次郎
壬生義士伝《みぶぎしでん》
（上下）
「死にたぐねえから、人を斬るのす」――生活苦から南部藩を脱藩し、壬生《みぶ》浪と呼ばれた新選組で人の道を見失わず生きた吉村貫一郎の運命。第十三回柴田錬三郎賞受賞。（久世光彦）
あ-39-2

宮城谷昌光
三国志
（全十二冊）
後漢期、宮中は権力争いで腐敗、国内は地震や飢饉、異民族の侵入で荒廃していた。国家再建を目指した八代目皇帝の右腕だった宦官、彼こそ後の曹操の祖父である。全十二巻の幕が開く！
み-19-20